경영진이 꼭 알아야 할

# ESG 에센스

경영진이 꼭 알아야 할
ESG 에센스

| | |
|---|---|
| 발 행 일 | 2022년 4월 28일 초판 1쇄 발행 |
| 지 은 이 | 문성후 |
| 발 행 인 | 김병석 |
| 편 집 | 노지호, 김효윤 |
| 마 케 팅 | 김정화 |
| 사 진 | 홍우성(세바시 사진작가) |
| 발 행 처 | 한국표준협회미디어 |
| 출 판 등 록 | 2004년 12월 23일(제2009-26호) |
| 주 소 | 서울시 강남구 테헤란로69길 5, 3층(삼성동) |
| 전 화 | 02-6240-4890 |
| 팩 스 | 02-6240-4949 |
| 홈 페 이 지 | www.ksamedia.co.kr |

ISBN 979-11-6010-058-7

**정가 17,000원**

# 경영진이
# 꼭 알아야 할

이제 ESG는
거시적
담론이 아니라
실전이다

# ESG

문성후 지음

# 에센스

ENVIRONMENTAL

SOCIAL

GOVERNANCE

**KSAM**

**목 차**

007     **프롤로그**

013     제1장 ESG 완전정복

015     01. ESG 에센스

        | **ESG 경영의 7가지 죄악**

047     제2장 K-ESG 이니셔티브

049     01. K-ESG 가이드라인

        | **SEE가 ESG로 바뀐 이유**

090     02. K-택소노미

        | **비콥, 우등생을 넘어 모범생으로**
        | **ESG 자가 진단표**

111    제3장 2022 ESG 정책 트렌드

113    01. 새정부 정책 트렌드

126    02. 2022 ESG 제도

136    03. 탄소경제

148    04. 협력사 지원

159    05. 재해예방

174    06. 주주관여

184    07. 노동이사제

196    **에필로그**

201    **부록** | ESG 모범규준

# 프 롤 로 그

ESG, 단어도 생소한데 개념까지 난해한 이 경영요소는 2021년에 이어 2022년에도 맹위를 떨치고 있다. ESG는 2004년 UN에서 등장해서 어언 20여 년을 독하게 살아남은 키워드다. 이젠 기업의 필수용어가 되어 버렸다. 이런 분위기 덕분에 국내외에서 ESG 관련 기업과 기관이 많이 생겼고, 자료도 서적도 무수히 출간되었다. ESG라는 단어가 진부하리만치 여기도 저기도 ESG이다. ESG 생태계가 단단히 꾸려 진지는 꽤 되었다. 지금 우리는 ESG 시대에 살고 있다고 해도 과언이 아니다.

실제로 대기업들은 ESG를 행동으로 옮기며 2021년 한해를 보냈다. ESG위원회도 만들고, 사외이사도 여성으로 충원하고, ESG 팀도 신설하였고, 지속가능보고서도 내고 있다. 모두 외부적으로 보여 지는 활동들이었다. 정부도 마찬가지로 K-ESG 가이드라인, K-택소노미를 2021년을 넘기지 않고 부지런히 발표하였다. 모두 ESG 활동을 가시화하려는 노력들이었다.

그런데 2022년에는 기업들에게 다시 한 번 ESG 경영환경이 급변하게 될 것이다. 대통령도 바뀌었고, 정부 정책도 바뀌었고, 시민의식도 함께 급변하고 있기 때문이다. 특히 구미<sub>歐美</sub>에 비해 ESG가 '담론'에 그쳤던 2021년과 달리, 2022년에는 한국에서도 ESG는 코로나의 점멸<sub>漸滅</sub>과 함께 새로운 정책과 제도의 압박으로 다가올 것이다. 내부적으로는 ESG에 대한 공감대가 형성이 되었고, 대기업들도 전반적으로 동의하고 있다. 외부적으로는 ESG 격랑 속에서 경제를 활성화해야 하고, 선진국들과 공조 혹은 경쟁하여야 하는 상황이다. 정부는 결국 ESG를 강화할 수밖에 없고, 이러한 기조는 새정부 출범과 함께 강해지면 강해졌지 절대로 약해지지는 않을 것이다.

그런데 현실은 참 쫓아가기 어렵다. 아무리 ESG가 중요하다고 해도 그 개념도 추상적이고 지식도 차고 넘쳐서 다 담지도 못하고 있다. 그런데 이해관계자들은 ESG를 즉각 실천하길 바란다. 기업의 규모와 관계없이 말이다. 지속가능하게 발전하려고 시도한 ESG가 오히려 기업의 수명을 단축시키게 생겼다.

특히 중소·중견기업에게 ESG는 여전히 멋진 구호일 뿐이다. 돈도 들고 사람도 필요하기 때문이다. 그렇다고 해서 당장 매출에 도움이 되는 것도 아니다. 그래서 ESG는 하루하루 매출에 온통 집중해야 하는 중소·중견기업에게는 참 어렵다.

그러면 ESG 시대에 중소·중견기업에게 가장 좋은 생존 방법은 무엇일까? 필자는 중소·중견기업 경영진에게 실천 가능한 방법부터 선택하도록 권한다. 중소·중견기업이 글로벌 기업이나 대기업처럼 거창하게 ESG를 할 수는 없다. 기업이 할 수 있는 범위 내에서 방향성을 가지고 미래를 예측하며 하나씩 해나가길 권한다. 잘하려고 하다 보니 잘하게 된 것인지, 잘하라고 하니까 잘하게 된 것인지는 중요하지 않다. 결국 잘하는 것이 중요하다.

ESG 전문가들은 기업에게 ESG를 '내재화internalization'하여 ESG를 실천하고 수익을 올리는 것을 많이들 권한다. 내재화란 사람으로 치면 뼛속까지 바뀌어 완전히 사람이 달라지는 것이다. 우리가 내재화란 단어를 가볍게 보아 그저 기업 내부의 경영요소 중 하나로 들어오는 것이라고 보는데, 아니다. 내재화란 그 요소가 기업의 '의식(意識)'으로 아예 자리를 잡고 둥지를 틀어 기업이 통째로 바뀌는 것을 말한다. ESG를 내재화한다는 것은 기업의 모든 의사결정과 경영활동이 ESG 의식 속에서 이루어지는 것을 말한다.

그런데 어떤 태도가 몸에 배려면 처음에 그 태도를 '외재화externalization'부터 하는 경우가 많다. 새치기를 하지 않는 것이 옳은 일이지만 새치기가 가져오는 타인의 기회 박탈이라는 개념을 깨닫기 전에 '정언명령定言命令'처럼 새치기를 하지 않는 행동부터 몸에 새긴다. 길가에 쓰레기를 함부로 버리면 그 쓰레기를 치우느라 들어가는 각종 사회비용과 환경파괴를 생각하기 이전에 먼저 쓰레기를 버리면 처벌부터 떠올리고 투기投棄를 삼가게 된다. 물론 이러한 주입식 교육 혹은 타율적 지도에 반론이 없는 것은 아니다. 하지만 때로는 내재화를 위해 외재화가 먼저 필요할 때가 있다. ESG가 바로 그렇다. 그 개념이 너무 빨리 강하게 치고 들어왔고, 시간적으로도 내재화 전에 이해관계자들이 외재화를 요구하고 있기 때문이다.

 ESG의 기본 전제는 기업도 인격을 가진 사회 구성원이기에 사회적 책임과 역할을 하여야 한다는 것이다. ESG는 기업도 사람이라고 본다. 일반적으로 사람은 마음이 먼저고 행동이 다음이다. 하지만 종종 행동이 마음을 만드는 경우도 있다. 기업도 마찬가지이다. 기업이 기준을 따라 행동하다 보면, 그 행동이 기업의 내재 가치를 형성하게 되기도 한다. ESG는 이렇게 행동부터 시작해서 문화와 비전으로 아로새겨야 하는 특별함을 가진다. 그러니 우선 중소·중견기업은 아주 작은 실행부터 하는 게 좋다. ESG를 개념과 철학으로만 접근하지 말고 구체적인 기준으로 삼아 먼저 실행해야 한다. 외재화부터 시작하는 게 낫다.

필자가 미국에서 MBA 과정을 밟을 때 '기업을 위한 법적 환경'
이라는 과목을 수강하였다. 과목명이 상법이 아니라 '법적 환경'
이었다. 경영진은 자연 환경이든, 경제 환경이든, 법적 환경이든
그 환경 속에서 기업의 수익을 높이기 위해 그 환경을 극복하거
나 그 환경을 이용하여야 한다. 올해를 기점으로 사회적 정서와
국제적 압박으로 한국에서도 많은 ESG 정책과 제도가 쏟아질 것
이다. 그래서 이 책을 썼다.

이 책은 중소·중견기업들도 가시적인 활동으로 ESG를 실천하
고, 리스크를 제거하는 가이드라인이 되도록 에센스만을 뽑아 정
리하였다. 간이표로 자가진단표도 들어 있다. ESG 거품이 사라
질 동안 중소·중견기업들은 각자도생하여야 한다. 이 책이 우리
중소·중견기업들의 생존에 도움이 되길 진심으로 바라며, 아울
러 대한민국의 모든 중소·중견기업 대표들에게 경의를 표한다.

2022. 3.  **문성후**

# 제1장

# ESG
## 완전정복

# 01
# ESG 에센스

## 1_ 개요

한국에서 ESG는 굉장히 정보와 지식 지향적으로 접근이 되고 있다. 그런데 ESG는 방향과 시각들이 더 중요하다. 물론 ESG 자체에 대한 정보와 지식도 중요하지만 우선 ESG를 어떻게 바라봐야 될지, ESG가 도대체 어떻게 시작돼서 어떤 뿌리를 가지고 있는지, 그리고 기업이 ESG를 어떻게 실천할 것인지가 더 중요하다. 물론 기초적인 이론 공부를 피할 수는 없다. 그런데 인터넷서점에서 ESG를 치면 국내 서적만 50여권이 뜬다. 권당 200페이지만 잡아도 총 일만 페이지의 자료가 있는 셈이다. 본 내용은 일만 페이지의 ESG 자료를 단 30페이지로 에센스만 뽑아 정리한 것이다.

## 2_ 이해관계자 자본주의

ESG를 공부하면서 이해관계자라는 단어가 많이 나온다. 이해관계자는 뭘까? 이해관계자는 영어로 stakeholder라고 한다. 여기서 stake라는 건 '말뚝'이란 뜻이다. 그러니 stakeholder란 '말뚝을 가진 사람'인 것이다. 미국 서부 시대 초기에 자기 땅을 표시하기 위해서 말뚝을 경계선에 박아놓던 데서 유래한 단어이다. 기업에도 이해관계자라는 게 바로 이 말뚝을 하나씩 가지고 있는 사람들이다. 그런데 이 단어는 처음에 어디서 등장했을까?

이해관계자라는 용어는 1963년 미국 스탠포드대학교 부설연구소에 내부보고서에서 처음 등장했다. 이 내부보고서에 따르면 스탠포드대학교 부설연구소가 운영이 잘 되어야 되는데 이 운영에 연구소가 도움을 받거나 또는 연구소가 대해야 되는 사람들에게 잘해야 되지 않을까? 그래야지 연구소가 잘 운영되지 않을까? 즉, 연구소가 누구를 신경 써야 될까? 우리가 누구를 돌봐야 될까? 그런 생각에서 이 보고서에 'stakeholder'라는 단어가 처음 등장했다.

이 stakeholder가 이제 '이해관계자'라는 단어로 딱 자리 잡으면서 이해관계자라는 그 용어가 경영학으로 들어오기 시작했다. 1984년 에드워드 프리먼이라는 학자가 이해관계자 이론을 처음으로 제기했다. 에드워드 프리먼은 이해관계자 이론의 창시자라고 할 수 있다. 이해관계자란 그럼 정확히 어떤 뜻일까? '조직의 성과에 영향을 끼치거나 조직의 성과에 의해 영향을 받을 수 있는 개인 혹은 그룹'이 이해관계자이다.

그런데 에드워드 프리먼이 처음에 이 이해관계자 이론을 얘기했을 때는 '도구적 이해관계자instrumental stakeholder'였다. 즉, 경영을 잘하기 위해 잘 활용해야 하는 경영 환경 속의 대상이었다.(지금도 그런 맥락이 없어진 것은 아니다.)

이해관계자들은 누가 있을까? 이해관계자는 언론, NGO, 정부, 사회, 주주, 투자자, 협력사, 임직원, 고객 등이 있다. 심지어 어떤 이해관계자 모델에는 경쟁사도 있다. 그런데 그 많은 이해관계자들 중에 가장 두드러진 이해관계자가 하나 있다. 바로 주주다. 투자자다. 기업은 수익을 내야 되는 곳이다. 그래서 이 수익을 내기 위해서는 누군가에게 돈을 받아야 되는 것이다. 기업이 돈을 버는 방법은 세 가지가 있다.

첫 번째는 고객에게 상품이나 서비스를 팔아서 돈을 버는 것이다. 두 번째는 주주들에게, 투자자들에게 돈을 받아서 재투자해서 매출로 돈을 버는 것이다. 세 번째는 기업이 부동산이나 금융자산에 투자자가 되어 돈을 버는 것이다.

기업 입장에서는 다 돈이 필요하고 그래서 기업은 돈을 주는 사람, 즉 투자자에게 늘 집중될 수밖에 없다. 1970년 밀턴 프리드만이라는 시카고대학교 경제학과 교수는 뉴욕타임즈에 이런 글을 싣는다. '기업의 사회적 책임은 이윤을 늘리는 것이다.' 주요 내용은 이렇다.

"자유 기업, 사유 재산 시스템에서 기업 임원은 사주들에게 고용된 사람입니다. 그는 고용주들에 대해 직접적인 책임이 있습니다. 그 책임이란 사주들이 바라는 대로 사업을 수행하는 것이며, 일반적으로 법과 윤리적 관습에 따른 사회 기본 규칙을 준수하면서 가능한 한 많은 돈을 버는 것입니다."

그때 이 글의 제목이 무엇이었을까? '기업의 사회적 책임'이었다. 지금도 사회적 책임이라는 표현을 많이 쓴다. 그런데 ESG 시대의 사회적 책임과 당시의 사회적 책임은 의미가 전혀 다르다. 하지만 기업이 많은 돈을 벌어야 한다는 대전제는 지금도 달라지지 않았다. 이해관계자 가운데 집중할 대상만 달라졌다. 당시는 주주뿐이었고, 지금은 사회, 협력사, 고객, 투자자, 종업원 등이다. 그래서 밀턴 프리드만이 주장한 이론이 '주주 제일주의'라고 하는 것이다. 밀턴 프리드만은 환경 얘기도 했다. 이미 50년 전에 환경 얘기가 나왔다. 그런데 그는 이렇게 말했다. "환경을 돌보는 것은 회사가 할 일이 아니다. 만약에 경영진이 정말 환경을 돌보고 싶다면 그 일은 경영진 개인이 돈을 내서 해라." 환경을 몰랐던 것이 아니고, 기업이 할 일이 아니라고 말한 것이다. 그의 논리는 "경영진은 주주의 대리인이다. 주주가 할 일을 경영자가 대신해 주는 것이다. 따라서 주주가 시키는 것만 해라. 주주가 원하는 것 오직 그것만 해라. 주주가 원하는 것은 경영진이 돈을 버는 것이다."라고 잘라 말했다.

그럼 주주는 도대체 왜 그런 권리가 있는가? 재무제표를 보면 맨 끝에 당기순이익이 나온다. 그 당기순익에서 배당을 받고 또 회사 내에 축적을 하는 것은 주주의 몫이다. 그 앞에 종업원 인건비라든지, 협력사에 들어가는 비용이라든지, 각종 고정비, 변동비 등이 다 빠지고 결국 딱 남은 순이익, 당기순이익만 주주가 받기 때문에 주주는 그 돈을 못 받을 수도 있고, 그래서 늘 주주는 모든 위험을 떠안는다는 논리다.

즉, 주주는 '잔여 청구권자'이기 때문에 결국 주주가 최종의 혜택을 받는 것은 당연하고 그리고 그 경영진들은 이 주주를 위해서 모든 위험을 안고 있는 주주를 위해서 돈을 열심히 벌어야 된다는 것이 주주 제일주의의 논리다.

그런데 이 주주 제일주의에 대해 회의론이 일어나기 시작한다. 기업이 주주만 생각하는 경영을 하다 보니 경영진이 분식회계 등 도덕적 해이를 보이며 사회적으로 해악을 끼치게 된 것이다. 필자가 1990년대 중반쯤 미국에서 MBA를 할 땐 교수들이 들어오면 칠판에 이렇게 크게 썼다. '이익과 확장profit and expansion이 기업의 유일한 목표'라고 말이다. 그 외에는 모두 수단이자 도구일 뿐이었다. 당시에도 기업윤리라는 과목은 있었는데 거의 폐지되다시피 했다. 결국 이런 분위기 속에서 엔론사태가 터졌다. 국가가 투자자보호법까지 만들면서 기업의 경영에 개입하는 커다란 계기가 된 사건이었다.

주주가 잔여청구권자, 즉 모든 위험을 맡는 게 진실인가 하는 데도 의문이 생겼다. 주주의 잔여청구권, 즉 주주가 맨 끝에 받는 당기순이익은 이익이 남아야지 가지고 가는 것, 그건 맞았다. 만약 당기순이익이 안 나면 주주는 순이익을 못 챙기는 것까지는 맞는 말인데, 그 전에 각종 고정비, 변동비, 예를 들면 직원의 월급, 협력사의 비용도 기업이 경영을 못하면 다 지급을 못한다. 그러니까 주주만 혼자 위험을 다 껴안은 게 아니라는 자성론이 생겼다. 주주가 그 모든 비용의 지급을 담보하는 게 아니기 때문에 주주가 가장 리스크 테이커라는 이론에 구멍이 생겼다. 주주는 결국 순이익을 맨 끝에 가져갈 뿐이지 만약 이익을 못 챙기게 되면 손해를 보는 이해관계자는 종업원도 될 수 있고, 협력사도 될 수 있다. 심지어 세금을 못 내면 국가도 피해자가 될 수 있다. 또 제품이 불량이어서 손해배상을 해야 할 때, 회사가 손해배상을 할 수 없는 정도의 재산 상태라면 고객도 피해자가 될 수 있다.

주주 제일주의에 대한 또 하나의 비판과 반성이 있었다. 주주는 주식을 소유한 것이지, 회사를 소유한 것이 아니라는 점이다. 대주주들이 워낙 주식을 많이 소유하니까 주주총회에서 압도적인 의결권을 갖게 되고 그러다 보니까 결국은 대주주는 회사를 가진 것이라고 착각한 것이다. 즉, 예전에는 주식이 많을수록 회사를 더 가진 것이다라는 등식이 성립했지만 이제 점차 주주의 주식 소유가 분산되면서 1주를 가져도 그 사람은 소액주주로서 회사에 투자를 한 것이고, 주식을 50%, 60% 가져도 그 회사는 주주만의 것이 아니라는 인식이 퍼졌다.

투자자도 여러 종류의 투자자가 나타나기 시작하였다. 장기투자자와 단기투자자 간의 관점 차이가 나타나기 시작하였다. 장기투자자는 당연히 주식을 묻어놓고 오랫동안 기업가치가 올라가길 기다릴 것이고, 단기투자자는 빠른 차익 실현을 위해 단기 수익을 선호할 것이다. 또 새로운 형태의 투자자도 나타나기 시작하였다. 회사에 주식으로 투자를 해서 회사는 이익을 거두는 것도 중요하지만 회사가 수익 외에 무언가 좀 의미 있는 일을 사회적으로 했으면 좋겠다는 투자자들 말이다. 흔히 말하는 '임팩트 투자자'이다. 여기에 결정적으로 기업의 가치를 높이려면, 장기 수익을 거두려면 회사가 주주만 바라보지 않고 다양한 이해관계자들을 고려해서 경영을 해야 오히려 그 기업은 지속가능하다는 인식이 퍼지기 시작했다.

그러면서 '이해관계자 자본주의'가 현실화되었다. 기업이 돈을 벌어야 한다는 얘기는 1776년에 발간된 국부론에서부터 아담 스미스가 했었다. 아담 스미스는 "기업은 다른 목적에 신경 쓰지 말고, 회사를 위해 돈을 버는 것이, 그 이익을 위해 노력하는 것이 결과적으로 사회 이익을 증진시키는 것이다."라는 취지의 말을 일찍이 했었다. 하지만 시대가 바뀌고 주주들이 2선에 머물던 이해관계자들을 한 번에 손잡고 나오면서 '이해관계자 자본주의'를 내세우기 시작한 것이다.

이해관계자는 누구누구를 말할까? 라젠드라 시소디어라는 교수가 있다. 그는 '사업은 제로섬 게임이 아니라 이해관계자가 서로 헌신하며 밀접하게 관계를 맺을 수 있는 위대한 작업이다'라고 말하며 이해관계자 모델을 제시했다. 그 모델이 바로 '스파이스 모델SPICE model'이라는 것이다. SPICE는 영어 단어의 첫 글자들을 따서 만든 단어이다. S는 Society정부, 지역사회, P는 Partner협력사, I는 Investor투자자, 주주, C는 Customer고객, 소비자, E는 Employee직원, 종업원을 뜻하는 단어들이다. 이 스파이스 모델은 실제 미국 기업가들이 그대로 채택을 하게 된다. 밀턴 프리드먼이 말한 '주주 제일주의' 이후 약 50년 만에 '이해관계자 자본주의'가 공식적으로 선포되었다.

미국의 200대 대기업 최고경영자로 구성된 협의체로 '비지니스 라운드 테이블<sup>BRT: Business Round Table</sup>'이라고 있다. 이 협의체에서 2019년 8월 '기업의 목적에 관한 성명'을 새로 발표하였다. 애플에서는 팀 쿡이 직접 나와서 서명했고, 아마존, 오라클 등 쟁쟁한 회사들이 모두 참석하여 서명을 하였다. 이 기업의 대표들이 모여서 앞으로 자기들 회사의 목적은 '단순히 주주를 위해서 돈을 버는 것이 아 니고 이해관계자를 존중하는 경영을 하는 것이다'라고 발표를 했 다. 그 몇 해 전까지만 해도 이들은 기업의 목적은 '주주를 위해 돈 을 버는 것이다'라고 공공연하게 말해왔던 단체였다. 그들이 구체 적으로 말한 성명을 다음과 같이 인용한다.

- 첫째, 고객에게 가치를 전달하고 고객의 기대에 부응하도록 미국 기업의 전통을 증진한다.
- 둘째, 직원에게 투자하고 그 시작은 직원들에게 공정하게 보 상하고 중요한 혜택을 제공하는 것이다. 또한 급변하는 환경 에서 필요한 새 기술을 향상할 수 있도록 교육과 훈련을 지 원하며, 다양성·포용·품격·존중을 강화한다.
- 셋째, 우리의 공급자들과 공정하고 윤리적으로 거래하며, 작 든 크든 우리의 사명을 실현하는데 도움을 주는 다른 기업 들에게도 훌륭한 파트너십을 제공하기 위해 헌신한다.

- 넷째, 우리가 일하는 지역사회를 지원하고 지역민을 존중하며 우리 사업전반에 걸쳐 지속가능한 관행을 포용하기 위한 환경을 보호한다.
- 다섯째, 기업이 투자하고 성장하고 혁신할 수 있도록 자본을 제공하는 주주에게 장기적 가치를 제고하고, 주주들과 함께 투명하며 효율적인 협업을 위해 노력한다.

이렇게 5가지이다. 기업이 고객, 직원, 공급자, 지역사회, 주주를 위해 경영하겠다고 되어 있다. 이 글자들의 첫 글자를 모아 재조합하면 SPICE이다. 이해관계자 모델은 그대로 기업 경영에 투영되고 실행의 목적이 되었다. ESG에 들어가기 전에 먼저 이해관계자에 대한 흐름을 정리하면 애초 기업의 사회적 책임은 주주를 위해 돈을 버는 것이었다. 그러다가, 회사의 성과에 영향을 받거나 회사의 성과에 영향을 주는 그룹, 즉 이해관계자 개념이 등장하면서 투자자들도 이해관계자를 존중해야 기업이 지속가능하다는 생각으로 바뀌게 되었다. 그래서 이해관계자를 존중하고 배려하는 경영을 하라고 투자자들이 먼저 나서서 기업들에게 요구하였고, 기업들은 이해관계자를 위해 경영하겠다고 아예 기업의 목적까지 바꾸게 되었다. 50년 만에 일어난 변화다. ESG의 뿌리가 되는 큰 움직임이다.

# 3_ 지속가능발전

ESG를 접하게 되면 꼭 짚고 넘어가는 것이 ESG가 도대체 뿌리가 어디고 어떻게 시작되었는가 하는 역사 공부다. 이 질문에서 공부를 시작해 보겠다.

ESG는 왜 이렇게 거대담론이 되었는가? 스케일이 왜 이렇게 클까? 지구를 얘기할 수 있는 주체가 누구일까? 답은 UN이다. UN은 인류가 추구해야 할 공동 목표를 설정하고 기업에게 ESG 활동을 자율적으로 하라고 권고했다. 그리고 ESG 규준을 제정해서 각종 산하기구를 통해 확대하고 전파하고 있다.

그런데 UN이 이렇게 선언적인 내용들을 밝히고 있고, 세부적으로 지침들도 부속기구를 통해 전파하고 있지만, UN이 기업은 아니기에 기업에게 기업의 언어로 ESG를 정리할 필요가 있었다. 그래서 각종 '이니셔티브initiative'들이 탄생되었다. ESG에서 이니셔티브라는 단어는 참 많이 나오는 단어다. 필자도 처음에는 '주도권' 정도로 생각했는데 그게 아니고 가이드라인, 지침, 모임, 규정 등 상당히 포괄적인 뜻이었다. 예를 들어 글로벌 이니셔티브가 생겼다는 말은 규정이 생겼다는 말도 되고, 단체가 만들어졌다는 말도 되고, 캠페인이 펼쳐지고 있다는 말도 된다. ESG 이니셔티브도 하도 많으니까 지금도 지구 한쪽에서는 계속 만들어지고 있고, 다른 한쪽에서는 계속 통합되고 있다. ESG의 전파와 확산에는 각종 이니셔티브들이 큰 역할을 하고 있다.

그래도 ESG는 역시 금융기관들이 가장 강하게 드라이브를 걸고 있다. 애초부터 주주들이었던 금융기관들이 UN과 '사회책임투자원칙'이라는 것을 만들면서 ESG 초기 단계부터 함께 했기에 금융기관을 빼놓고는 ESG를 말하기 어려울 정도가 되었다.

이해관계자 자본주의가 앞바퀴라면 뒷바퀴는 '지속가능발전'이다. 지속가능발전이란 용어는 어디에서 나왔을까? 1987년 UN에서 '브룬트란트 보고서'를 펴냈다. 제목은 '우리의 공통된 미래Our Common Future'였다. 이 보고서에서 'UN환경계획'이라는 조직은 본 보고서를 채택하면서 '세계 각국이 경제 주체로서 상호 의존하고 협력해서 다자주의에 입각하여 공생적 발전을 도모하자'라는 취지를 밝혔다. 그러면서 '지속가능발전'이라는 단어를 사용했다. 지속가능발전이란 '(현재 세대가) 미래 세대가 자신들의 필요를 충족시킬 수 있는 능력을 훼손하지 않으면서 현재 세대가 자신들의 필요를 충족시키는 발전'을 말한다. 한국의 '지속가능발전법'에도 정의는 유사하다. 쉽게 말하면 현재 세대는 현재 세대가 알아서 살고 미래 세대가 써야할 것들을 뺏어 쓰거나 당겨쓰면 안 된다는 뜻이다. 그래야 각 세대가 계속 알아서 그 시대를 살아갈 수 있고 이것이 연속되는 것이 바로 '지속가능발전'이라는 뜻이다. 현재 세대가 지금 잘 살겠다고 미래 세대에게 갈등을 넘겨주거나, 망가진 자연과 기후를 물려주어선 안 된다는 것이다. 지구는 한 세대의 것이 아니고, 인류의 삶도 한 세대가 독점할 수 있는 게 아니라는 취지다.

## 4_ ESG의 등장

기업이 지속가능하게 발전하려면 어떻게 해야 할까? 지속가능하다는 것은 기업이 장수하는 것이다. 기업이 장수하려면 기업은 어떻게 해야 할까? 여기에 대한 답이 바로 'ESG'였다. ESG는 2004년에 UN에서 나온 '먼저 관심 갖는 자가 승리한다Who Cares Wins'라는 보고서에서 처음 등장했다. 이 보고서에서 ESG를 이렇게 소개했다. '앞으로 기업들은 환경적, 사회적, 지배구조에 관한 이슈를 잘 대응해야 주주에게도 도움이 되고 평판과 브랜드에도 도움이 될 것이다'라고 말이다. 그러면서 환경적environmental, 사회적social, 지배구조governance라는 단어를 나열하였다.

왜 ESG 앞의 두 단어가 형용사일까? 이유는 뒤에 이슈issue라는 단어가 생략되어 있었기 때문이다. 앞으로는 ESG를 말할 때 꼭 환경적, 사회적이라는 형용사가 사용된 이유에 주목하기 바란다. 애초에 ESG는 선행이 아니었고, 문제나 골칫거리이슈였다.

ESG가 중요 아젠다로 떠오르면서 마침내 세계표준화기구 ISO에서도 ISO26000을 통해 ESG를 표준으로 제시하였다. 만약에 기업에서 ESG를 어떤 것인지 한번 들여다보고 싶다면 필자는 ISO26000을 강력히 권한다. ISO26000은 복잡하지 않으면서도 실무적으로 도움 되는 구조를 가지고 있다. ISO26000으로 한번 시작을 해보면 ESG가 어떻게 진행돼야 되고 또 어떻게 시스템화 될 수 있는지 파악된다. 중소·중견기업은 ISO26000에 맞추어 ESG 경영 프레임을 짜놓는 것이 가장 단단한 출발점이다.

ISO26000의 7가지 주제는 지배구조, 인권, 노동관행, 환경, 공정운영 관행, 소비자 이슈, 지역사회 참여와 발전이다. 주제를 한 가지씩 살펴보면 다음과 같다.

첫째, 조직의 지배구조, 거버넌스다. 조직의 의사결정이 얼마나 투명한지, 이해관계자와 의사소통이 잘 되고 있는지, 그리고 효율적으로 자원을 활용하는지 이렇게 세 가지가 주요 주제다.

둘째, 인권 존중이다. 인권 존중 및 인권 침해 방지 그리고 인권 문제 치유 메커니즘이 수립되어 있는지, 또한 강제 노동이나 아동 노동은 금지하고 있는지 등이다.

셋째, 노동 관행이다. 기업이 안정적인 고용을 통해서 삶의 질 향상에 기여를 하는지, 근로자들의 능력 개발에 노력을 기울이고 있는지 등이다.

넷째, 환경보호다. 환경오염 방지, 에너지 절약, 수자원 보호, 지구 온난화와 기후변화 방지, 자연환경 보호이다.(환경은 자연환경과 생활환경으로 나뉜다. 자연환경을 해치면 환경훼손이고, 생활환경을 해치면 환경오염이다. 둘 다 해치지 않는 것이 환경보전이다.)

다섯째, 공정 운영 관행이다. 기업이 부패를 방지하고 계약, 투자, 거래, 협력업체 선정시 공정성과 투명성을 얼마나 유지하고 있는지, 그리고 공정 경쟁을 유지하고 있는지이다.

여섯째, 소비자 보호다. 기업이 소비자 선택권을 얼마나 보장하는지, 소비자 보건과 안전 보장, 그리고 소비자 불만을 사전에 예방하고 적극 대응하는지에 관한 부분이다.

일곱째, 지역사회의 참여와 발전이다. 기업이 지역사회에 적극적으로 참여하는 것, 고용 창출과 기술 개발 노력을 하는 것, 그리고 교육과 문화 창달에 기여하는 것 등이다.

UN은 지속가능발전과 ESG를 합쳐 인류의 지속가능발전 목표를 2030년까지 달성하고자하며, 다음과 같이 17가지 목표를 제시하였다. 17가지 목표는 (1)빈곤 해소, (2)기아 해소, (3)건강, (4)양질의 교육, (5)양성평등, (6)깨끗한 물과 위생, (7)사용 가능한 청정에너지, (8)양질의 일과 경제 성장, (9)산업·혁신·인프라 스트럭쳐, (10)불평등 해소, (11)지속가능한 도시와 지역사회, (12)책임지는 소비와 생산, (13)기후 행동, (14)해양 생태계, (15)육상 생태계, (16)평화·정의·강력한 제도, (17)목표를 향한 파트너십이다. 참고로 UN의 지속가능발전 목표 홍보대사는 한국의 '블랙핑크'이다.


## 5_ESG는 돈을 벌어줄까?

ESG는 기업에게 정말 돈을 벌어주고는 있는가? "예스"라고 말하기는 어렵다. 왜냐하면 ESG가 일단 강하게 도입된 것이 한국의 경우는 한 2년 됐고, 서구 사회에도 물론 좀 시간은 지났지만, ESG 열풍이 분 것은 블랙록의 래리 핑크가 얘기한 2018년, 2019년 정도이니깐 한 3~4년밖에 안 된다. 그러다 보니 실제로 ESG를 잘한 회사가 과연 그 수익도 상관관계를 갖느냐라는 것에 대해서는 통계나 데이터가 부족하다.

두 번째는 ESG 경영과 기업의 수익과의 직접적인 인과관계가 확실히 밝혀져 있지를 않다. 건강해서 운동을 잘하는 것인지, 운동을 많이 해서 건강해진 것인지를 알 수가 없다. 지금 ESG 우수 회사라고 나오는 사례를 보면 대부분 자원, 자금, 인력이 충분한 글로벌 기업들이다. 이 기업들은 ESG를 비롯해 어떤 새로운 경영 요소가 등장하더라도 기초체력이 좋고 회복탄력성이 좋기 때문에 다 경영을 잘해냈을 것이라고 보는 시각도 있다. 왜냐하면 자원과 자금, 인력이 충분하기 때문이다. 그래서 ESG를 잘한 기업이 돈을 많이 번 것인지, 돈을 많이 번 기업들이 ESG를 또 잘하고 있는 것인지에 대해서도 조금 더 시간이 걸려야지 데이터가 축적될 것 같다.

그렇지만 'ESG를 잘하면 이런 면에서 좋아진다'라는 몇 가지 장점이 있다. 필자가 이 내용을 소개하는 이유는 백퍼센트 보장할수는 없지만, ESG 경영이 피할 수 없는 대세라면 다음의 장점 중에 하나라도 기업이 지향하면서 ESG 경영을 하는 것이 바람직하다는 취지이다. ESG를 잘했을 때 과연 회사에게 무엇이 좋은가?

첫째, 제품이나 서비스가 지속가능을 지향하다 보면 실제로 제품과 서비스의 질이 좋아진다. 기업은 순환형 제품을 생산하거나 사회적 가치를 지니는 서비스를 고객에게 제공하기 위해 그 방향으로 자꾸 궁리를 하게 될 것이고 그 결과물은 실제로 소비자의 선택을 더 받게 될 것이다.

둘째, ESG 경영을 하면 기업과 지역사회, 정부와의 관계가 좋아지면서 여론도 좋아지고, 심지어 국가 지원도 받는 부수효과도 있을 수 있다. 기업 입장에서는 다양한 소스에 접근할 수도 있고, 규제도 덜 받아 기업 경영에 더욱 집중할 수 있다. 공부 잘하고 모범생이면 선생님이 덜 간섭하고 자유시간도 더 주는 것과 비슷하다. 특히 세금을 잘 내는 것이 중요하다. 납세를 성실히 하는 것은 동서양 모두에서 ESG 경영의 중요한 가늠자가 되고 있다.

셋째, ESG는 비용 절감을 가져다준다. ESG중 E는 기본적으로 아껴 쓰는 것이다. 공기 중에 탄소를 덜 내보내고, 폐기물을 줄이며, 원단위 에너지 효율을 높이는 것이 ESG의 기본이다. 불필요한 낭비를 하지 않는 것이야말로 ESG의 출발점이다. 투입대비 가장 효율이 좋은 산출을 뽑는 것을 '최적화'라고 한다. ESG는 최적화 경영을 실천하게 해준다.

넷째, 생산성 향상과 우수 인재 영입이다. 기업에 자긍심을 갖는 직원들이 생산성이 좋은 것은 당연하다. 그래서 성과가 좋아지고 생산성이 높아지다 보면, 또 그 기업에는 우수 인재들이 몰려 인사관리 면에서 선순환에 들어가게 된다. 회사의 맨파워도 지속가능해진다는 장점이 있다.

종합하면, ESG는 낭비를 줄이고, 불필요한 자원의 소비를 없애고 우수한 인력을 모으며, 그 인력들이 동기부여가 되어 생산성이 높아진다. 정부로부터 규제를 덜 받고 오히려 호의와 지지를 얻어서 더 좋은 리소스에 접근할 수 있고 또 고객들도 지속가능한 제품이나 서비스를 더 선택한다.

# 6_ ESG가 중요해진 이유

필자가 컨설팅이나 강연을 하다보면 'ESG가 앞으로 얼마나 더 갈 것 같으냐?'는 질문을 많이 받는다. 이게 한때의 경영유행인지 아니면 계속 갈지에 대해 많은 분들이 의문을 갖는다. 만약 오래 간다면 기업은 부득이 그 흐름을 따라야 하고, 그렇지 않다면 한 때의 지나가는 바람이라고 생각하고 버티면 된다.

ESG의 지속성, 즉 ESG야말로 지속가능할 것인가에 대해 궁금해 하는 것은 ESG가 혁신과 투자를 동반하기 때문이다. 그래서 지금까지 ESG가 중요해진 이유를 아는 것이 중요하다. ESG가 중요해진 이유가 만약 점차 사라진다면 ESG도 같이 사라질 것이고, ESG가 중요해진 이유가 만약 앞으로도 강화된다면 ESG 역시 함께 더 센 바람이 될 것이다.

ESG는 왜 중요해졌을까? 크게 다섯 가지 이유를 들 수 있다. 한 번 이 가운데 퇴보하거나 약화될 만한 이유가 있는지 유심히 보기 바란다.

첫째, '블랙록BlackRock'이라는 회사 덕분이다. 이 회사는 세계적인 자산운용사이다. 운용자산 규모가 약 1경원이다. 한국의 국내 총생산이 약 2천조 원이니 이 회사는 단순비교만 해도 한국 5개 규모의 자산을 움직이는 회사이다. 흔히 말하는 유니버설 오너이다. 이 회사의 '래리 핑크'라는 회장이 2018년부터 ESG를 강조하기 시작하였다. ESG에 맞지 않으면 자금을 회수하거나, 투자하지 않거나, 주주총회에서 반대표를 던지겠다고 선언하였다. 블랙록 뿐만 아니라 세계적인 연기금 등 많은 대형 투자기관들이 ESG를 경영요소로 기업들에 요구하자, 글로벌 기업들은 ESG 경영을 안 할 수가 없게 되었다. ESG가 기존 경영 요소들과 다른 이유는 UN이 주창했고, 대형 자산운용사들이 요구하고 있으며, 경영사조도 이해관계자 자본주의로 바뀌어 가고 있다는 점이다. 대형투자자의 이러한 기조는 '신新 자본주의'로 자리 잡아 당분간 변하지 않을 전망이다.

두 번째 이유는 기상과학의 발전 덕분이다. 기후변화에서 기후위기로 용어가 바뀐 것은 좀 되었다. 그런데 원래 예전부터 기후재난은 있어왔다. 하지만 갑자기 ESG가 급부상한 것은 인류의 경제활동과 기후변화와의 인과관계를 알 수 있는 '기상과학, 기후과학의 발전' 덕분이다. 그저 하늘의 뜻이나, 불가항력act of God이라고만 생각했던 기후재난이 알고 보니 인류가 그간 해온 과도한 화석연료의 연소로 인한 것이고, 해양 생태계 파괴는 인류가 버려온 플라스틱 쓰레기 때문이라는 인과관계를 알게 된 것이다. 두 번째 이유도 역시 과학의 발전과 함께 계속 강화될 것이다.

세 번째 이유는 미국과 EU의 친환경정책 강화가 ESG를 급부상하게 만들었다. 미국 바이든 행정부는 그린뉴딜을 표방하며 강력한 환경보호를 기치로 내세웠고, 법률과 제도로 실행에 옮겼다. 여기에 질세라 EU는 EU대로 ESG 주도권을 놓치지 않기 위해 'EU 택소노미'와 같은 글로벌 이니셔티브를 만들고, 금융기관 등을 통해서 역내 기업들의 ESG 경영을 독려하고 있다. EU는 친환경 원천 기술이 강하고, 미국은 친환경기술의 상용화가 강하다. 각자 사회적 갈등이 있긴 해도, 미국이나 EU는 모두 중국에 비하면 S 측면에서도 우위에 있다. G지배구조에서도 중국은 미국과 EU에 비할 바가 못 된다. 결국 미국과 EU는 서로 ESG 생태계를 구성하고, 기술을 바탕으로 중국을 견제하는 일석이조의 효과를 거두고 있다. 구미歐美의 경제 정책상 ESG가 약화될 이유가 없는 상황이다.

네 번째 ESG가 중요해진 이유는 평판評判 때문이다. 예전에는 "그 사람 어때"로 시작되는 것이 평판이었다. 그런데 그 평판이 점차 힘을 가지게 되었다. 특히 나쁜 평판은 쉽게 바뀌지도 상쇄되지도 않는다. 우선 평판이 나빠질 때는 굉장히 속도가 빠르다. 반면 나쁜 평판이 좋아지는 데는 시간이 한참 걸린다. 흔히 말하는 위기관리란 평판이 원상회복하는 것이다. 그만큼 나쁜 평판은 사람들에게 강한 기억을 남기고 그 기억이 덮어쓰기 되기가 쉽지 않다. 그래서 기업들은 나쁜 평판을 가지면 안 된다. 예전에는 기업에게도 평판이 있느냐고 질문을 받았지만 지금은 분명히 기업에게도 평판이 있다는 것을 많이들 알게 되었다. 갑질논란 등 나쁜 평판으로 고생하는 회사들을 많이 보았기 때문이다.

기업에게 평판이 중요해진 것은 외부 평판뿐 아니라 내부 평판도 중요해졌기 때문이다. '임플루언서'라는 말이 있다. 종업원을 뜻하는 임플로이employee와 인플루언서influencer가 합쳐진 단어다. 요즘 임플루언서들이 기업 안팎에서 상당한 영향력을 발휘하며 기업의 평판을 좌지우지하고 있다. 기업은 외부 평판도 잘 관리해야 하지만, 내부 평판도 잘 다루어야 한다.

'포브스'라는 경영지에 게재된 '평판관리: 건전한 ESG 정책을 개발하기 위한 세 가지 전략적 접근 방식'에 따르면 'ESG와 기업 문화의 결합'은 무척 중요하다. 기업이 ESG 경영을 잘하기 위해서는 ESG가 회사의 기업 문화와 사명의 핵심이라고 생각하는 직원들의 동의가 반드시 포함되어야 한다. 기업의 목적과 기업 문화가 결합하면 조직의 모든 내부 구성원들이 가치 제안에 대해 동일한 헌신을 공유할 수 있다고 한다. 직원들도 ESG가 기업이 하는 노력의 일부라고 느끼면 조직을 지지하고 성과를 만들며 기업도 성장할 가능성이 훨씬 높아진다는 것이다.

기업이 ESG의 목적을 직원들에게 진정성 있게 알리고 기업 문화와 잘 결합한다면, ESG 경영은 기업의 내부 평판도 높여주고, ESG 경영에 대한 직원들의 헌신도 유도할 수 있다는 것이다. 그래서 내부 평판이 가져오는 파급효과는 점차 커져가고 있다.

ESG와 기업 평판은 어떤 관계가 있을까? 글로벌 컨설팅 회사 KPMG가 2018년 약 900명의 이사회 멤버와 비즈니스 리더들에게 ESG를 하는 이유를 조사했는데 '회사의 평판·브랜드에 대한 잠재적인 영향'이 54%로 1위를 차지했다. 세계적인 ESG 컨설팅 업체 ERM이 기업들에게 기후 변화에 집중하지 않았을 때 예상되는 부정적인 결과를 기업들에게 물었더니, 1위는 '주요 이해관계자에게 평판이 악화됨'으로 49%를 차지하였다. 전경련이 2021년 매출 500대 기업을 대상으로 ESG가 필요한 이유를 조사한 결과에서도 응답기업의 43.2%가 '기업 이미지 제고 목적'이라 답하였다.

ESG와 평판 간의 관계는 이제 떼려야 뗄 수가 없다. 하기야 오죽하면 ESG를 처음 사용한 UN보고서에서도 ESG가 회사 가치에 중요한 일부인 평판과 브랜드에도 아주 큰 영향을 미치게 된다고 했을까 싶다. Moreover, these issues can have a strong impact on reputation and brands, an increasingly important part of company value.

그렇다면 '기업 평판'은 무엇일까? 기업 평판이란 '이해관계자들에게 장기간에 걸쳐 축적된 기업에 대한 사회적 기억social memory'이다. 일반적으로 기업의 이미지라고 하면 'mental picture'를 떠올리기 쉬운데, 기업의 이미지는 단순히 '심상心象'이 아니다. 기업 이미지란 '이해관계자들이 가진 사회적 기억의 총합', 즉 평판이다.

평판은 돈으로 홍보하고, 만약 잘 안되면 시장에서 회수할 수 있는 '브랜드'와도 다르다.

기업 평판은 어떻게 한국에서 급부상했을까? 우선 SNS의 급격한 발전이다. SNS를 한글로 치면 '눈'이 된다. 1940년 티비가 발명되고, 그로부터 약 50년 후인 1992년 발명된 인터넷 덕분에 세상은 초접점 사회가 되었다. 이제는 누가 얘기했는가 보다 무엇을 얘기했는가가 더 중요해졌고 지구 반대편 일도 하루면 눈앞 핸드폰으로 생중계된다. 정보의 비대칭이 많이 줄어들었고, 소셜미디어의 발전은 결국 행동주의로까지 이어지게 되었다. 행동주의란 단순히 SNS에 머물지 않고 각종 오프라인 모임 혹은 캠페인으로 실제 행동으로 옮기는 경향을 말한다. 지금이 평판 경제가 아니라고 생각하면 큰 오해다. 우리는 매일 별점을 매기며 댓글을 읽고 제품과 서비스를 선택하고 있다. 별점과 댓글이 바로 평판이다. 이런 평판을 행동으로 옮기고 바이콧을 하거나 보이콧을 하는 세상을 주도하는 세대가 MZ세대이다. 공정을 중요하게 여기고 기회의 박탈에서 오는 불이익에 분노하는 세대이다. 그들은 사회적으로 도움이 되거나 뜻있는 일에 기꺼이 동의하고 그런 회사의 제품과 서비스를 이용하길 즐겨하는 세대이다.

'돈쭐낸다'라는 말은 돈으로 혼쭐을 낸다는 의미다. 착한 가게로 평판이 높아지면 기꺼이 주문을 몰아주어 그 가게의 매출을 높여주는 세대가 바로 MZ세대이다. 기업 평판의 동인인 SNS, 행동주의, MZ세대의 속성도 결코 약화되지 않을 것이다. 결국 ESG가 악화될 이유를 필자는 못 찾겠다. 이제 ESG는 변수가 아니라 상수가 되었다.

## 7_ 슈어SURE 경영

ESG는 쉽게 사그라들 경영사조는 아니다. 하지만 안타깝게도 중소·중견기업에게 ESG는 리스크와 규제의 성격이 여전히 강하다. ESG가 단기적으로 돈을 벌어준다는 데이터는 아직 부족하다. 지금 확실한 것은 ESG가 기업의 평판을 높여준다는 점이다.

평판評判은 '평가評價'와 '판단判斷'을 뜻한다. ESG 경영에서는 많은 기업이 규모가 크면 계량적으로 평가와 판단을 받고 있고, 규모가 작으면 사람들의 인식과 홍보자료 등으로 평가와 판단을 받고 있다. 소크라테스는 "좋은 평판을 갖는 방법은 당신이 보이고 싶은 모습이 되도록 노력하는 것이다"라고 하였다. ESG 경영으로 평판이 높아지고 싶다면 실제로 ESG 경영을 하는 것이 가장 좋다. 조그맣게 시작해도 상관없다. 특히, 중소·중견기업 경영진은 자사의 ESG 경영을 직관적으로 설명해야 할 경우가 많다. 그때 어떤 ESG 전략을 세웠고 이를 어떻게 실행했는지가 중요하다. 필자는 ESG 경영단계를 '슈어<sub>SURE</sub>'라는 단어로 제안한다.

'SURE'의 S는 Self, U는 Upgrade, R은 Report, E는 Evaluation 이다. 기업이 ESG 경영을 하려면 시작할 때부터 기업은 스스로<sub>Self</sub>를 먼저 알아야 한다. 현재 위치를 알고 나면 목표도 세울 수 있고 격차도 확인할 수 있다. 그렇게 자체적으로 자사를 분석하고 나서 ESG 경영으로 기존의 경영을 업그레이드<sub>Upgrade</sub>하고 실천해야 한다. ESG 활동의 가장 좋은 방법은 무엇일까? 정답은 자사가 경영을 하면서 만들고 있는 문제를 먼저 해결하는 것이다. 술파는 회사 하이네켄은 음주운전 캠페인도 펼치고 실제로 음주운전 방지를 위해 술집도 개조했다. ESG 경영을 실천하고 싶다면 '결자해지<sub>結者解之</sub>'의 시각으로 회사가 돈 벌면서 만들고 있는 문제를 해결하는데 집중하면 가장 효과적이다.

가끔 ESG와 CSR<sub>사회공헌활동</sub> 혹은 CSV<sub>공유가치창출</sub>의 차이를 묻는다. CSR은 기부자선행위이다. 전략적 CSR이라는 말도 쓰지만 오히려 CSV라는 개념이 더 명료하다. CSV는 회사에 좋은 일도 하고 사회에 좋은 일도 하는 것을 말한다. 위의 하이네켄이 회사가 음주운전 캠페인을 펼쳐 좋은 평판을 쌓았고 동시에 음주운전이 줄었다면 이것이 바로 CSV이다. ESG는 점점 CSV로 이루어질 것이다.

필자는 CSV에 대한 박사논문에서 CSR과 CSV 개념 구분을 다음과 같이 제시하였다. 기업을 둘러싼 이해관계자들에게 혜택이 주어지는 방식에 따라 CSR과 CSV는 구분된다.

'기업 생태계가 글로벌화 되는 현시점에서 기업의 경쟁력 제고에 있어 사회적 책임 활동과 공유가치 창출은 필수적임을 국내 기업들은 명심해야 할 것이다. 그러기 위해서는 CSR과 CSV에 대한 개념 정립이 명확해야 한다. CSV는 CSR의 대체 개념도 아니며, 동시에 CSV의 사회적 가치는 단순히 공공의 이익에 부합하는 선행도 아니다. 현재 혼동되고 있는 CSR과 CSV의 개념은 이해관계자 접근 방법을 통하여 명확한 구분이 가능한 것이다.'

기업이 ESG 활동들을 펼쳤다면 이제 이해관계자들에게 보고 <sub>Report</sub>하고 소통해야 한다. ESG를 마케팅에 쓰는 것을 경계하는 경우가 많은데 ESG는 확산시키고 공유할수록 좋은 경영요소이다. 그러니 마케팅이든 홍보든(과장이나 사기만 아니라면) ESG 경영 활동은 기꺼이 홍보하기 바란다.

마지막 단계로서 ESG 경영을 틀에 맞추어 정리도 하고, 스스로 리스크 관리도 하며 평판을 높이는 효과도 거두어야 한다. ESG 는 리스크를 찾아내어 예방하고 관리하는 것이 큰 결실이다.(상세한 내용은 '부를 부르는 ESG', 문성후 참조)

| 슈어 경영

**SURE**

**S** Self
- 자기 점검
- 목표 설정
- 격차 확인

**U** Upgrade
- 성과지표 도출
- 상위 조직 신설
- 전략 내재화 및 실행

**R** Report
- 지속가능경영보고서 발간
- 공시 강화
- 이해관계자 소통

**E** Evaluation
- 중요과제 집중
- 리스크 관리
- 평판 제고

## ESG 경영의 7가지 죄악

### 1. 지나친 평가 집착

일부 회사는 ESG 등급의 향상을 ESG 평가기관이 하는 등급의 향상으로 간주한다. 회사의 등급 향상에만 집중하는 접근 방식은 회사만의 전망과 위험 노출에 맞는 전략을 개발하는 대신 "체크란 기입"에 더 많은 자원을 할당할 위험이 있다. ESG 등급은 회사가 중요한 문제의 잠재적인 관점을 이해하는데 도움이 될 수는 있지만 제3자의 특정 관점만을 나타내는 것이다.

사실, 시중에 나와 있는 여러 평가 방법론의 모든 관점을 만족시키는 것은 거의 불가능하다. 긍정적인 평가는 회사가 인정을 받는데 도움은 될 수 있지만, 회사가 한 노력의 결과로만 봐야 한다. 기업이 중요한 ESG 위험 및 기회를 관리하는 방법에 대해 회사가 가진 관점에 집중하고 제3자 관점은 목적이 아닌 인풋으로 사용하는 것이 중요하다.

### 2. ESG를 커뮤니케이션 활동으로만 취급

기업은 때때로 커뮤니케이션 및 홍보 전략에만 치중하여 이미지를 개선하려고 시도하는 실수를 범한다. ESG 경영에서 '말보다 마차를 앞에' 놓는 격이다. 커뮤니케이션은 회사가 메시지를 증폭하는데 도움이 될 수 있지만, 중요한 위험을 해결하는 강력한 시스템을 대체할 수는 없다. 투자자 및 기타 이해관계자는 중요하지 않은 메시지를 간파할 수 있다(종종 "그린워싱"이라고 함). 더 중요한 것은 회사가 ESG 문제 관리가 아닌 메시지 전달에 집중하게 되면 회사는 큰 위험에 계속 노출된다는 것이다.

### 3. 이사회 및 관리 감독의 불충분

일부 회사는 이사회 및 고위 경영진이 챙기지 않고 ESG 또는 지속가능성 책임을 회사 내의 개인 또는 부서에 위임한다. 그러나 회사의 ESG 관리 전략은 회사의 비전과 가치의 핵심 부분으로 자리매김 되어야 한다. 이사회와 고위 경영진은 회사의 ESG 전략을 감독하고 추진하여 더 광범위한 비즈니스 전략과 완전히 일치하도록 해야 한다.

### 4. 비즈니스 전략과의 분리

ESG 전략은 회사의 비즈니스 전략과 별도로 생각할 수 없다. 회사의 전략적 목표를 고려하지 않고 주요 기업 전략을 알리지도 않는 ESG 전략은 목적을 달성하지 못한다. 이러한 단절은 ESG 프로그램의 목적에 대한 오해, 이사회 및 경영진의 감독 부족 또는 중요성 평가의 실패에서 비롯될 수 있다.

### 5. 컴플라이언스compliance 지향적인 접근 방식

일부 회사는 환경, 노동 관행, 건강 및 안전, 기타 주요 문제에 관한 규칙 및 규정 준수를 참조하여 ESG 프로그램을 발표하기도 한다. 이 방식은 '사후 반작용적'으로 보일 수 있으며 최소한의 법적 요구사항 이상으로 (ESG가) 진전되는 것은 바라지 않는 것으로 보인다. 자사를 리더로 보이기 위해서는 기업은 의도적인 ESG 전략으로 최소 요구사항을 초과하는 동급 최고의 프로그램을 수립함을 입증해야 한다. 그렇지 않으면 대중은 기업이 높은 기준으로 운영되고 있다는 사실을 충분히 이해하지 못할 수 있다.

### 6. 회사 전체의 불일치

전사적 전략 및 조정의 부족 또는 서로 다른 관할 지역, 사업 부문에서 운영으로 일부 회사는 각 부서마다 다른 표준이 채택될 수 있다. 이 방식은 회사의 ESG 관리 프로그램에 잠재적인 위험 노출과 함께 상당한 격차를 남긴다. 이 경우 회사는 비즈니스 단위 및 지역에 정책 및 프로그램을 잘 그려야 한다. 그래서 회사 전체의 노력을 조화시켜 비즈니스 관행과 일관된 접근 방식을 취해야 한다.

## 7. 평가 및 모니터링 부족

주요 ESG 문제에 대한 성과를 모니터링하기 위한 데이터 및 정보 수집은 기업이 ESG 프로그램을 실행하는데 있어 중요한 과제이다. 모니터링 성과를 달성하는데 적절한 정보를 수집하기 위한 메커니즘과 방법론을 만드는데 처음에는 상당한 노력이 필요할 수 있다. 그러나 이러한 프로세스는 성공적인 프로그램을 수립하는데 중요할 수 있다. 데이터 검토 외에도 회사 프로그램 효율성에 대한 지속적 평가를 포함함으로써, 계속해서 개선을 위한 시스템 조정을 할 수 있다.

---

위의 글은 2020년 9월 23일 '기업 지배구조에 관한 하버드 로스쿨 포럼'에 'ESG 경영의 7대 죄악 (The Seven Sins of ESG Management)'이라는 글을 요약하였다. ESG 경영에 대해 듣기는 불편하지만, ESG를 제대로 하고 싶다면 귀담아 들을 조언이다.
(https://corpgov.law.harvard.edu/2020/09/23/the-seven-sins-of-esg-management/에서 원문을 인용하였고 일부 문장은 첨삭 혹은 윤문함)

ESG ESSENCE

제2장

# K-ESG
이니셔티브

# 01
# K-ESG 가이드라인

## 1_ 추진 배경

2021년 말 정부 관계부처 합동으로 K-ESG 가이드라인(v1.0)이 나왔는데, 그 전부터 이런저런 의견들이 많았다. 대표적인 의견으로는 첫 번째, K-ESG 가이드라인이 세계적인 ESG 이니셔티브<sub>기준, 지침</sub>로서 글로벌 평가기관들이 인정할 것인가? 두 번째, 정부가 K-ESG 가이드라인을 만들고 그 기준으로 기업들을 평가해서 경영에 개입하는 것이 아닌가? 세 번째, 둘 다 아니라면 K-ESG 가이드라인이 굳이 왜 필요한가였다. 국내 기업들은 구미<sub>歐美</sub> 기관의 ESG 평가를 받을 때 몇 가지 특수사정이 있었다. 예를 들면, 재벌<sub>chaebol</sub>이라 불리는 한국 기업의 특수한 지배구조라든지, 비교적 단

일민족으로 구성되어 인종 다양성 등이 외국에 비해 부족하다든지 하는 것들이다. 그래서 국내 기업은 구미 평가기관들의 기준을 따르면 늘 '코리아 디스카운트'를 겪게 되어 상대적으로 점수가 낮게 나온다는 의견들이 많았다. 정부는 가이드라인에 그 추진 배경을 다음과 같이 자세히 써 놓았다.

---

### 1. 기업의 ESG 경영 필요성 증가

- 기업에 대한 평가 기준이 재무적 요소에서 비재무 요소인 ESG로 빠르게 변화
- 투자 기준으로 ESG를 활용하는 금융·자산운용사, 연기금 등 기관 점차 확대
- 공급망 실사 등 협력사에 대한 ESG 준수 요구가 지속적으로 증가
- 주요 선진국을 중심으로 한 ESG 공시에 대한 규범화 확대(EU, 영국 등)

### 2. 기업의 ESG 경영 추진과 평가 대응 애로 증가

- 기업의 ESG 경영 추진 필요성에 대한 인식은 높아지고 있으나, 어디서부터 시작해야 하는지, 목표는 어떻게 설정해야 하는지, 구체적인 실천은 어떻게 해야 하는지에 대한 경험과 정보 부족
- 특히, 중소·중견기업은 비용, 시간 등 현실적 어려움으로 ESG 경영 도입에 더 많은 어려움을 겪고 있는 상황
- 국내외 600여개 이상의 평가지표가 운영되고 있으나 개별 기업에서 각각의 평가 기준, 평가방식을 파악하기는 쉽지 않은 상황
- 또한, 글로벌 ESG 평가기관들은 기관마다 고유한 평가 프로세스, 지표, 측정산식 등을 기반으로 평가를 진행하여 기업 입장에서는 일관된 평가 대응 체계를 수립하기가 쉽지 않음

---

이러한 이유로 정부는 175쪽에 달하는 방대한 가이드라인을 만들었다. 그리고 정부의 개입으로 보이지 않기 위하여 본 가이드라인은 국내 평가기관들이 '자율적'으로 활용할 수 있도록 만들었다고 발표했다. K-ESG 가이드라인은 국내 기업들이 ESG 경영을 준비하고 평가에 대응하는 도움자료로 정부 부처가 합동으로 만든 '평가 기준 매뉴얼'이라는 것이다.


## 2_ 방향과 구성

K-ESG 가이드라인에서 정부는 국내외 3,000여개 이상의 지표와 측정항목을 분석하여 총 61개의 주요 항목으로 재분류하였다. 가이드라인은 정부 부처와 경제단체 등이 간담회 등을 거쳐 작성되었다. 앞으로 정부는 '글로벌 동향을 반영한 K-ESG 가이드라인 개정판을 1~2년 주기로 발간하고 업종별, 기업 규모별 가이드라인도 22년부터 마련할 계획'이라고 밝혔다.

K-ESG 가이드라인은 계속 나올 것이고, 특히 2022년부터는 정부 계획에 따르면 산업별, 규모별 가이드라인이 세분화되어 나올 것으로 보인다.

기업 입장에서는 현재 구미의 평가 기준이 영어로 복잡하게 되

국내외 주요 13개 평가기관<sub>DJSI, MSCI, EcoVadis, Sustainalytics, WEF, GRI 등</sub>의 3,000여개 이상
의 지표와 측정항목을 분석하여 61개 ESG 이행과 평가의 핵심·공통사항을 마련하
고, 관계부처와 각 분야 전문가, 이해관계자<sub>중소·중견기업을 포함한 산업계, 주요 경제단체, 연기금,</sub>
<sub>금융·투자기관, 평가기관, 신용평가사·언론사 등 5차례 간담회 및 대한상의 포럼, 경총 ESG 위원회 등</sub>의 의견
을 반영해 글로벌 기준에 부합하면서도 우리 기업이 활용 가능한 가이드라인 제시.

| K-ESG 가이드라인 구성

| 구분 | 주요 항목 |
|---|---|
| 정보공시(5) | • ESG 정보공시 방식·주기·범위 등 |
| 환경(17) | • 환경경영 목표 및 추진 체계, 친환경 인증, 환경 법규위반 등<br>• 온실가스 배출량, 폐기물·오염물질 배출량, 재활용률 등 |
| 사회(22) | • 사회책임경영 목표, 채용, 산업재해, 법규위반 등<br>• 채용·정규직, 산업안전, 다양성, 인권, 동반성장, 사회공헌 등 |
| 지배구조(17) | • 이사회 전문성, 이사회 구성, 주주권리 등<br>• 윤리경영, 감사기구, 지배구조 법규위반 등 |

자료 : 2021년 12월 2일 산업자원부 보도자료

어있고, 약 600여개에 달하는 다양한 기관들의 수많은 기준도 모
두 맞추기 어려우니 본 가이드라인을 '한국기업을 위한 유니버설
한 기준'으로 삼아 자체적으로 ESG 대응 도구로 삼으면 되겠다.
다만, 기업이 본 기준을 맞추었다고 해도 구미 평가기관은 자체
기준을 따를 것이고, 따라서 본 기준의 부합 여부가 국제 기준을
만족시킨다고 담보하긴 어렵다는 점은 명심해야 한다. 그래도 정
부 부처가 합동하여 국내외 13개 평가기관의 기준을 모두 조사하
여 한국말로 풀어 제시하였다는 점은 크게 평가할 만하다.

# 3_ 중소·중견기업의 K-ESG 가이드라인 활용

중소·중견기업에게 본 가이드라인의 의미는 다음과 같다. 첫째, 그간 ESG 기준 등은 대부분 영어로 되어있었고, 번역본도 있었으나 내용이 어색하였는데 본 가이드라인으로 한국어로 된 명료한 기준이 제시되었다. 둘째, 구미 국가의 자의적 기준들이 포함된 ESG 가이드라인에서 벗어나 한국 경영의 실상을 반영한 한국형 가이드라인이 나온 점이다. 셋째, 가장 중요한 점인데 비용

---

- 가이드라인의 일부 항목을 ESG 활동 및 성과 데이터 관리 도구로 활용
- ESG 경영이 중견·중소기업에는 사업성과 창출 활동보다는 부담으로 작용. 비용, 인력 등 현실적 어려움으로 ESG 경영 추진을 위한 실질적 정보 및 노하우 확보에 어려움 존재
- ESG 경영 수준 확인 위한 진단항목 및 진단 기준에 대한 정보가 없어 ESG 관련 성과 데이터의 체계적 관리가 필요한 상황
- 중견·중소기업의 ESG 경영 추진을 위한 가이드 제시
- K-ESG 가이드라인에서는 중견·중소기업의 ESG 경영 추진 위한 기본 점검 진단 항목 선별하여 제시
- 과도한 투자비용<sub>설비·인력 투자비용 등</sub>이 발생하지 않는 범위 내에서 ESG 경영 추진 및 개선이 가능한 기본 진단항목을 제시함으로써 중견·중소기업의 ESG 대응 역량을 강화할 수 있도록 함
- 향후 중견·중소기업을 위한 K-ESG 가이드라인이 별도 개발될 예정이며, 기업 현실을 고려하여 진단항목 및 단계별 기준 수정·보완 예정

---

과 자원의 한계로 ESG를 실행할 엄두가 나지 않았던 중소·중견 기업에게 출발점을 주었다는 것이다. 본 가이드라인은 중소·중견 기업에게 자가진단 활용을 권하고 있다.(하기 참조)


## 4_ 사용 방법

기업 규모에 어떤 표를 사용하더라도 방법은 간단하다. 우선 항목별로 자사가 어느 단계에 들어가 있는지 판단하고 그 단계에 따라 점수를 매기면 된다. 일종의 자가 진단표인데 점수가 높을수록 ESG를 잘하고 있다고 보면 된다. 점수 단위는 단계가 많은 경우는 각 25점 단위로 되어있다. 총 61개 항목에 대한 점수를 총합하여 점수가 높을수록 ESG를 잘 하고 있다고 보면 된다. 여기서 점수를 스스로 매기는 것인만큼 각 항목이 요구하는 사항<sub>항목설명</sub>을 잘 이해하는 것도 중요하다.

대기업이든 중소기업이든 중요하다고 뽑은 공통 27개 항목만 살펴보면 대분류는 '정보공시, 환경(E), 사회(S), 지배구조(G)' 이렇게 네 가지로 나뉜다. 약 175쪽에 달하는 방대한 K-ESG 가이드라인을 읽고 자가진단을 해본 중소기업은 많지 않을 것이다. 이하 내용은 61개 항목 중 적어도 무슨 항목들이 있는지, 그리고 그 항목들을 어떻게 이해해서 점수를 매기면 되는지 이해를 돕고자 함이다. '가이드라인의 가이드라인'이다.

이제부터 K-ESG 가이드라인의 설명에 따라 중소기업을 위한 총 27개 항목을 설명하겠다. 이 설명에 따라 항목을 이해하고, 실행 단계에 따라 총점을 매겨보기 바란다. 중요한 점은 총점이 높은 것이 아니고, 골고루 점수가 높은 것이 중요하다. ESG는 퍼즐 같아서 한 개라도 비면, 전체가 불량품이 돼버린다. 아무리 E와 G를 잘한다고 해도, 예를 들어 소수 민족의 인권을 훼손하는 공급망 관리를 하고 있다면 그 회사의 S 점수는 0점이 되는 원리이다. 그러니 본 항목을 하나씩 곱씹으며 상향평준화를 지향하는 것이 가이드라인의 적절한 사용법이다. ESG 경영을 잘하는 방법은 '통합'과 '균형'이다.

## 5_ 항목 활용

그렇다면 기업은 어떻게 이 항목들을 자체적으로 활용할 수 있을까? K-ESG 가이드라인의 사용법을 살펴보자. 우선 K 가이드라인의 기본 진단 항목은 61개이나, 본서에서는 자금과 인력 등이 부족한 중소기업을 위해서 제시된 27개 항목만을 설명하겠다.

**| 중견·중소기업 ESG 경영성과 데이터 관리를 위한**
**K-ESG 가이드라인 기본 진단항목 세트**

| 영역 | 범주 | 분류번호 | 진단항목 |
|---|---|---|---|
| 정보공시(P)<br>(4개 문항) | 정보공시 형식 | P-1-1 | ESG 정보공시 방식 |
| | | P-1-2 | ESG 정보공시 주기 |
| | | P-1-3 | ESG 정보공시 범위 |
| | 정보공시 검증 | P-3-1 | ESG 정보공시 검증 |
| 환경(E)<br>(9개 문항) | 환경경영목표 | E-1-2 | 환경경영 추진체계 |
| | 원부자재 | E-2-1 | 원부자재 사용량 |
| | 온실가스 | E-3-1 | 온실가스 배출량(Scope1 & Scope2) |
| | | E-3-3 | 온실가스 배출량 검증 |
| | 에너지 | E-4-1 | 에너지 사용량 |
| | 용수 | E-5-1 | 용수 사용량 |
| | 폐기물 | E-6-1 | 폐기물 배출량 |
| | 오염물질 | E-7-1 | 대기오염물질 배출량 |
| | | E-7-2 | 수질오염물질 배출량 |
| 사회(S)<br>(9개 문항) | 노동 | S-2-2 | 정규직 비율 |
| | | S-2-6 | 결사의 자유 보장 |
| | 다양성 및 양성평등 | S-3-1 | 여성 구성원 비율 |
| | | S-3-2 | 여성 급여 비율(평균 급여액 대비) |
| | | S-3-3 | 장애인 고용률 |
| | 산업안전 | S-4-1 | 안전보건 추진체계 |
| | | S-4-2 | 산업재해율 |
| | 지역사회 | S-7-1 | 전략적 사회공헌 |
| | | S-7-2 | 구성원 봉사참여 |
| 지배구조(G)<br>(5개 문항) | 이사회 구성 | G-1-1 | 이사회 내 ESG 안건 상정 |
| | 이사회 활동 | G-2-1 | 전체 이사 출석률 |
| | | G-2-4 | 이사회 안건 처리 |
| | 주주권리 | G-3-1 | 주주총회 소집 공고 |
| | 윤리경영 | G-4-1 | 윤리규범 위반사항 공시 |
| 4개 영역, 17개 범주, 27개 기본 진단 항목 | | | |

# 정보공시

정보공시는 다시 다음과 같이 네 가지로 나뉜다. ▲정보공시 방식 ▲정보공시 주기 ▲정보공시 범위 ▲정보공시 검증이다.

가이드라인에 따르면 정보공시란 '투자자를 비롯한 다양한 이해관계자의 의사결정 및 가치판단에 영향을 미칠 수 있는 환경, 사회, 지배구조와 관련된 정보를 공개적으로 널리 알리는 행위'를 말한다. 즉, 기업이 가지고 있고 알려야 하는 정보 중에 사회, 협력사, 투자자, 고객, 직원들이 의사결정을 할 때 중요한 정보를 알리는 것을 '정보공시'라고 말한다. ESG가 지향하는 바는 기업의 투명성이다. 그리고 ESG는 투자자가 기업에게 엄격한 준수를 요구한 원칙이다. 따라서 기업은 자사가 가지고 있는 정보들을 내부적으로 잘 추려서 중요한 정보가 무엇인지 거르고 그 정보를 이해관계자들에게 다양한 채널을 통해서 잘 알려주는 것부터 ESG는 시작된다. '이해관계자stakeholder'란 '기업이나 기관의 성과에 의해서 영향을 받거나 기업이나 기관의 성과에 영향을 주는 그룹'을 말한다. 그러니 당연히 이해관계자들과 영향을 주고받을 만한 정보라면 중요한 정보가 되는 것이다.

여기서 두 가지 질문이 생긴다. 과연 어떤 정보가 중요한 정보일까? 그리고 다양한 채널이라고 하면 어떤 채널들일까? 중요한 정보란 먼저 '중대성 평가Materiality Test'를 거쳐서 거르게 된다. 중대성 평가를 해서 그 결과에 따라 핵심적인 정보를 골라서 그 정보를 공개하는 것이다. 결국 중요한 정보란 가이드라인에 따르면 '핵심이슈, 또는 조직의 사업 운영 과정에서 지속적 관리가 필요한 ESG 이슈별로 전략, 조직, 활동, 성과, 목표에 관한 정보'를 의미한다. 거기에 '조직의 ESG 관련 이슈가 조직의 성장에 미치는 영향', '해당 이슈를 관리하지 않았을 경우 발생 가능한 위험' 등도 중요한 ESG 정보에 해당한다. 예를 들면 배송플랫폼 회사라면 '개인의 정보보안정책'은 기업의 성과와 목표에 영향을 미치기 때문에 중요한 정보에 속하고 개인의 프라이버시를 관리하지 않으면 소비자의 신뢰 상실과 고객 이탈이라는 막대한 위험이 발생하기 때문에 역시 리스크 관리 측면에서 중요한 정보에 속하는 것이다.

## ❖ 정보공시 방식

그러면 공시를 한다는 것, 즉 널리 알린다는 것은 어떻게 알리라는 것일까? 무엇보다 정보에 대한 '접근성'이 보장되어야 한다. 즉, 누구든 기업의 중요한 정보를 알고 싶다면 다양한 채널로 공개된 정보에 접근할 수 있어야 한다.

가이드라인에 따르면 정보 공개 채널로 다음과 같이 4가지를 예시하고 있다. 그 외에도 기업이 정보 공개를 하기 위해 다양한 채널, 예를 들면 뉴스레터나 유튜브 채널 등을 활용한다면 기업의 투명성에 높은 점수를 받을 것이다. 또한, 기업은 채널을 더 다양하게 개발하여 이해관계자의 접근성을 높여주고 정보 장벽을 낮춰주는 것이 좋다.

---

- 사업보고서      재무정보와 비재무정보를 종합하여 파악할 수 있으나, 보고서 작성 업무 부담
- 지속가능경영보고서    ESG 정보 수요자의 가독성은 높으나, 보고서 발간 업무 부담
- 조직의 홈페이지     지속가능경영보고서 발간 대비 적은 부담, 공개 가능 정보의 양적 확대 한계
- 정부기관 운영 플랫폼    산업 공통기준이 있을 경우 유리, 산업별 차등 시 플랫폼 유지비용 높음

---

## ∷ 정보공시 주기

위와 같이 공시해야할 정보가 정해졌고, 정보 공시의 방식도 정했다면 이제는 정보를 얼마마다 공시할지를 정해야 한다. 바로 '정보공시의 주기', 즉 싸이클이다. 모든 정보는 자주 알려지는 것이 중요한 게 아니라, 필요한 때에 알려지는 것이 중요하다.

전 세계 대부분의 기업은 1년을 회계연도로 삼고 있다. 따라서 ESG에 관한 중요 정보도 1년마다 공시되는 것이 바람직하다. 2년

마다 공시하는 것은 아예 안 하는 것보다는 낫지만, 기업이 재무제표를 발표하고 수지를 정산하는 1년 단위로 공시하는 것이 실용적이다. 또한, 1년 단위로 공시하는 것도 중요하지만, 그 공시를 해마다 빼먹지 않고 주기적으로 하는 것도 중요하다. 어떤 해에는 하고 어떤 해에는 안 하면 안 된다. 공시가 주기적이어야 한다는 것은 1년에 한 번씩, 매년 빠지지 않고 반드시 하라는 뜻이다.

공시 시기는 가능하면 재무제표가 공시될 때 같이 공시되면 좋다. 투자자 등이 투자 여부와 금액을 판단할 때, 기업의 재무성과와 비재무성과 모두 종합적으로 고려할 수 있도록 하기 위해서다.

투자자들은 기업이 예측가능하게 행동하길 바란다. 시나리오에 없던 급격한 성장이나 '극적인 경영dramatic management'은 종종 시장에 충격을 주고 기업의 불확실성을 증폭한다. 기업은 정보를 공시하기로 했다면 반드시 매년 그때 정해진 정보를 공시해야 하고, 만약 못 그랬다면 최대한 조속히 정보를 공시해야 한다. 그렇지 않다면 기업은 오해를 받거나 악의적으로 보일 수 있다. 또한, 아주 중요한 정보는 공시할 때를 기다릴 것이 아니라 즉각 공시하여, 시장에 충격을 주지 않고 투자자들에게도 정직해 보여야 한다.

## ❖ 정보공시 범위

정보공시의 범위란 어느 회사의 정보까지 공시할지를 의미한다. 회사는 관계를 맺고 있는 회사들이 있다. 거래처 말고 가족회사 혹은 계열회사 등의 명칭으로 법적 관계를 맺고 있는 회사들이 있다. A회사가 법적으로 소유하고 있는 B회사의 ESG 정보는 당연히 A회사의 ESG 정보에 포함된다. 한 걸음 더 나아가 A회사의 영향력과 통제력 범위에 있는 회사(자회사, 종속법인, 연결실체 등)의 ESG 정보까지 공시하면 더 바람직하다. A회사가 자회사 등의 ESG 정보 전부를 공시한다면 이는 A회사 및 관계사의 정보를 투명하게 드러내는 것이기 때문에 이해관계자들로부터 좋은 점수를 받을 것이다. A회사가 B회사 등과 얼마나 긴밀하게 연결되어 있는지는 다음과 같이 두 가지 판단 기준이 있다.

첫째, A회사가 법적으로 B회사 지분을 가지고 있다면 당연히 관계사로 분류되고, 두 번째, A회사와 B회사 간의 매출액, 인력, 생산량, 판매량 등의 데이터 기준으로도 관계사로 될 수 있다.

ESG 정보는 투명하게 체계적으로 공시하는 것이 최고다. ESG 활동은 관계사와 밀접하게 연결되고 영향을 주고받기 때문에 우선 어느 회사가 관계사이고 그 회사들이 어떤 ESG 정보를 가지고 있고, 그 정보의 일부 혹은 전부를 공개할지를 먼저 결정하는 것이 좋다.

## ❖ 정보공시 검증

정보는 무엇보다 신뢰가 있고, 타당하며 투명해야 한다. 회사는 회사 나름대로 열심히 정보를 모아 ESG 경영을 위해 공개하여도 시장에서 그 정보가 원칙 없이 정리한 정보로 보이거나 데이터 등이 믿음직스러워 하지 않는다면 그 정보는 아무런 소용이 없다. 회사도 나름 정보를 모으고 정리했지만 스스로도 발견하지 못하는 오류가 나올 수 있고, 담당자의 실수나 고의로 정보가 자칫 가공되거나 과장될 수 있다. 그래서 회사는 자사의 ESG 정보를 모두 잘 취합하여 정리했다면 시장에서도 믿을 수 있게 권위 있는 제 3자의 '검증'을 받는 것이 든든하다. 다만, 이 정보들이 정확한지 여부는 회사가 제공한 데이터에 기반한 것이기 때문에 검증이란 말 그대로 '검증'이지, '보증'은 아니라는 점을 명심해야 한다.

검증기관과 검증 방법은 국제적으로도 다양하고, 국내에서도 검증기관들이 적지 않다. 검증은 '검증기관의 적격성', '검증기관과의 독립성', '검증방법론의 합리성', '검증 수준의 명확성', '검증지표의 구체성'으로 구성된다. 검증기관이 제대로 자격을 갖추었는지, 독립적으로 검증을 실시하였는지, 검증지표는 구체적이었는지, 검증 방법은 합리적이었는지 등이 그 기준이다. ESG 가이드라인이 모두 그렇듯, 그 활동을 하면 플러스 요소이지, 필수 요소들은 아니다. 검증 역시 비용 등을 고려하여 유연하게 사용하면 된다.

## ② 환경

### ✥ 환경경영목표 수립

기업은 어떤 경영활동이든 가장 우선되는 것은 목표수립이다. 목표가 서야 방향이 정해지고 방향이 정해져야 추진할 수 있기 때문이다. 환경경영도 마찬가지다. 기업이 환경경영을 펼치기 위해서는 가장 먼저 해야 될 것은 '목표점'을 잡는 것이다. K-ESG 가이드라인에 따르면 가장 바람직한 환경경영은 '조직의 환경 분야 핵심이슈에 대한 중장기 목표까지 설정하고 있으며, 중장기 목표 달성을 위한 과제와 이행점검 지표를 마련한 경우'이다.

ESG는 처음에는 'SEE'로 시작되었다. 기업이 사회적 책무를 성실히 수행하고, 윤리적으로 행동하며 환경을 보호하는 'Social, Ethical, and Environmental'이었다. 이 형용사 뒤에 '책임responsibility' 이라는 단어가 붙었다. 그런데 기업의 윤리의식에만 단순히 의존하자니, 기업의 사회와 환경에 대한 책임이 지켜지지 않아서 결국은 '윤리' 대신 아예 '지배구조governance'라는 단어를 넣고 의사결정 제도를 시스템화한 것이다. ESG라는 단어 뒤에는 다시 '이슈issues' 라는 단어가 붙으며 ESG는 2004년 유엔리포트 '먼저 돌보는 자가 승리한다Who Cares Wins'에 등장한다. 영어에서 이슈라고 하면 골칫거나 걱정되는 문제를 뜻한다. ESG는 처음 등장 때부터 걱정되는 문제들이었고, 그 가운데 기후 위기와 결합된 환경오염이 가장 큰 걱정거리였다. 기후과학이 발전할수록 기업의 경제활동과 기후변화와의 인과관계는 또렷해졌고, 하늘은 국경으로 나누어져 있지 않기에 전 세계가 합심해서 교토의정서나 파리기후변화협약 등을 체결하며 기후 위기에 대응하게 된 것이다. 인류는 애초부터 환경 보호를 위해 정확한 목표를 세웠고, 이 목표가 '지구 평균 기온 상승 폭을 산업화 이전 대비 1.5~2℃로 제한하는 것'이었다. 각 국가는 이를 위해 '자발적 감축 목표'를 세워 공동으로 환경 목표를 이루기 위해 애쓰고 있다.

이런 시스템은 기업에게도 그대로 적용된다. 기업도 우선 전사적 환경 목표를 세워야 한다. 그리고 각 부서나 현장에서 얼마만큼 환경 훼손 물질을 감소하거나 제거할지 결정하고 실현 가능성에 관해 확인해보아야 한다.(방식은 반대가 되어도 좋다) 실현 가능성이 낮은 거대한 목표는 기업을 더 취약하게 만든다. 실천하지 못할 목표는 추진을 하더라도 결국은 포기하게 되기 때문이다. 즉, 지속가능하지 않다. 환경 목표를 세웠고, 추진 계획을 세웠다면 이를 당분간 주도적으로 실천할 업무 분장이 생겨야 한다. 처음에 틀을 짜기 어렵다면 'ISO14001'이나 'ISO50001'을 실행하거나 심사받고 인증받는 것을 목표로 하나씩 개선하는 것도 좋은 방법이다.

ESG에 대한 가장 큰 오해가 '기업이 희생하거나 손해를 보더라도 선(善)한 경영을 해야 한다'이다. ESG를 요구하고 있는 이는 기업에 투자하여 이익을 얻고자 하는 사람이나 기관, 즉 투자자이다. 국가적 연기금이나 임팩트 투자자들도 수익을 원한다. 기업이 자사의 이익을 장기적으로 높일 수 있도록 스마트한 경영을 해야 하고, 혁신과 도전을 통해 ESG 활동들로 회사 가치를 높이라는 것이 그들의 요구다. 필자는 ESG도 '주주 제일주의 v.2.0'이라고 생각한다. 다만, 주주들이 바라는 방향이 '이해관계자를 살피고, 기업의 목적을 재정의 하되 수익과 가치는 포기하지 말라'는 것으로 바뀐 것이다. 환경경영도 결국은 경영이므로 수익을 포기해선 안된다. 기업의 자발적인 노력과 혁신적 활동으로 감당할 수 있는 범위 내에서 환경 훼손이나 오염을 최대한 방지하는 것이 우선이다. 만약 환경을 개선하면서 기술이나 제품이 탄생한다면 기업은 그것을 기회로 삼아 돈을 더 벌어야 한다.

## ✛ 원부자재 사용량

ESG가 기업에게 부담만 준다고 하는 것도 큰 오해이다. 기업은 제조기업의 경우 당연히 제품을 더 생산하여 매출을 올려야 한다. 그런데 가장 좋은 성장 방법 중 하나는 인풋대비 아웃풋이 좋아지는 것이다. 즉, 재료나 비용을 덜 쓰고 생산이 유지되던지, 생산이 증가되도 비용은 고정되고 수익은 늘어난다던지 하는 것이다. 가이드라인은 기업이 원부자재를 효율적으로 관리하고 있는지 점검하고, 원부자재 사용량이 감소추세에 있는지, 사용량이 산업 평균 미만인지 스스로 챙겨보길 권하고 있다.

물론 원부자재 중에는 재생 불가능한 원부자재들도 있고, 재생 가능한 원부자재들도 있다. 재생 가능한 원부자재란 본 가이드라인에 따르면 '자원 채취 후 자연적인 성장 또는 보충 과정에 의해 이전의 자원 수준으로 돌아갈 수 있는 천연 자원'으로서 산림, 담수, 토지, 야생 동물, 농업 자원의 목재 등을 예로 들고 있다. 우리가 '있는 그대로'를 유지하려고 노력하는 삼림 혹은 담수 등이 재생가능한 원부자재들이고 이들은 기업의 생산과정에서도 잘 보존되거나 회복되어야 한다.

본 가이드라인에서는 원부자재의 사용량을 직전 1개년도에 산업 평균과 비교하거나, 사용량 증감 추세를 직전 5개년도에 자체적으로 비교하라고 권고하고 있다. 사용량이 산업 평균대비 낮거나, 사용량이 감소하는 추세라면 우수한 점수를 받을 수 있다.

산업 평균 비교 방식 외에도 가이드라인에서는 (1)조직의 과거 년도 사용량을 기반으로 수립한 목표 대비, (2)조직이 자체적으로 수립한 원부자재 절감 목표 대비, (3)조직이 벤치마킹하는 경쟁조직 대비를 비교하는 방식도 제시하고 있다.

## �֊ 온실가스 배출량

ESG를 공부하다 보면 처음 듣는 단어들이 나와 머리가 지끈해진다. 온실가스도 필자가 '환경경영보고서' 발간을 담당하던 시절에는 낯선 개념이었다. 지금은 총 6개의 가스상태 물질을 의미한다. 이산화탄소$_{CO2}$, 메탄$_{CH4}$, 아산화질소$_{N2O}$, 수소불화탄소$_{HFC-s}$, 과불화탄소$_{PFC-s}$, 육불화황$_{SF6}$이 그것들이며 적외선 복사열을 흡수하거나 반사하여 지구를 온실에 갇힌 것처럼 만드는 주범들이다. 온실가스를 배출하지 않는 것이 지금은 최고의 환경경영 목표가 되어 있다.

온실가스 얘기를 하자면 또 하나의 골치 아픈 개념이 있다. 바로 온실가스가 어디에서 배출되었는지, 즉 배출원별로 온실가스를 구분하는 '스콥 원$_{scope 1}$'과 '스콥 투$_{scope 2}$'에 관한 얘기다. 가이드라인에 따르면 스콥 원은 '사업자가 직접적으로 소유하고 통제하는 배출원에서 발생하는 직접적인 온실가스 배출'을 말한다. 스콥 투는 '사업자가 구입 및 사용한 전력, 열$_{온수, 스팀 등}$의 생산 과정에서 발생하는 간접 온실가스 배출'을 말한다. 쉽게 설명하면 공장 안에서 기업이 생산하면서 직접 뿜어내는 온실가스가 스콥 원이고, 스콥 투는 기업이 공장을 돌리기 위해 전력이나 에너지를 사온 경우, 그 전력이나 에너지를 판매한 회사가 에너지를 생산하며 뿜어낸 온실가스 해당 분을 말한다. 기업 입장에서는 두 범위의 온실가스를 배출하게 된다고 보는 것이다. 먼저 자기 회사가 자기 공장에서 직접 배출한 온실가스와 두 번째 남에게서 사왔지만 그 에너지를 애초에 남이 만들 때 뿜은 온실가스 두 개 다 최종 사용자의 온실가스 총 배출량으로 보는 것이다.

그렇다면 최종 사용 기업 입장에서는 애초에 에너지를 만들어 파는 회사도 온실가스 배출량이 적은, 즉 친환경 에너지 회사이면 좋기 때문에 자연스레 스콥 원과 스콥 투를 거치며 친환경 에너지 생태계를 구축하게 된다는 취지이다.

자가진단 방법은 역시 원부자재와 마찬가지로 가이드라인은 사용량을 직전 1개년도에 산업 평균과 비교하거나, 사용량 증감 추세를 직전 5개년도에 자체적으로 비교하라고 권고하고 있다. 사용량이 산업 평균대비 낮거나, 사용량이 감소하는 추세라면 우수한 점수를 받을 수 있다.

가이드라인은 조직의 온실가스 배출량이 산업 내 어떠한 수준에 있는지 점검하는 방식에는 산업 평균과 비교하는 방식 외에도 (1)'온실가스 배출권의할당및거래에관한법률' 등에 따른 할당량 대비, (2)'온실가스·에너지 목표관리제'에 따른 목표값 대비, (3)조직의 과거년도 배출량을 기반으로 수립한 목표 대비, (4)조직이 자체적으로 수립한 목표<sub>SBTi 등</sub> 대비, (5)조직이 벤치마킹하는 경쟁 조직 대비를 비교하는 방식 등을 제시하고 있다. 여기서 위 (4)번의 SBTi<sub>Science Based Target Initiative</sub>란 아예 지구의 기온이 1.5℃, 2.0℃ 이하로 관리되기 위한 시나리오에 따라 온실가스 감축 목표를 설정하도록 요구하는 이니셔티브를 말한다.

ESG에서 이니셔티브란 가이드라인, 지침, 규범, 규칙, 모임, 회의체 등을 모두 뜻한다. 온실가스는 적게 배출할수록 좋다. 하지만 환경설비 투자나 친환경기술 도입 등이 선행되지 않으면 생산량을 줄이는 수밖에 없다. 그리고 기업 혼자 줄여서 스콥 원을 줄인다고 해도, 인프라 차원에서 스콥 투가 줄지 않으면 총량이 줄어들긴 어렵다. ESG는 때로는 결과 수치보다도 노력의 방향이 중요한 경우가 있다. 온실가스 감축도 그러하다.


❖ 온실가스 배출량 검증

본 가이드라인에 따르면 온실가스 배출권 거래제, 온실가스 목표관리제, 기타 온실가스 정보를 기반으로 의사를 결정하는 이해관계자가 증가함에 따라, 조직이 대외 공시하는 온실가스 배출량 데이터가 타당성, 신뢰성, 투명성을 확보하고 있는지 확인하기 위한 항목이다.

조직의 온실가스 배출량 데이터에 관해 제3자 기관으로부터 검증을 받는 경우, 해당 검증의견이 갖추어야 할 형식적 요건을 점검하여 평가하게 된다.

가이드라인에 의하면 '저탄소 녹색성장 기본법'에 따라 국가 온실가스 감축 목표(2030년의 국가 온실가스 총배출량을 2018년의 온실가스 총배출량의 40% 만큼 감축)를 달성할 수 있도록 일정 수준 이상의 온실가스를 배출하고 에너지를 소비하는 업체 및 사업장은 관리업체로 지정되며, 해당 기업은 온실가스 감축목표, 에너지 절약목표를 설정하고 관리할 의무가 있다.

## ✢ 에너지 사용량

ESG의 E는 종종 환경의 E일뿐 아니라 에너지energy의 E, 경제성economic의 E라고도 한다. 에너지의 경제성을 따지는 것이 E의 첫걸음이라는 의미다.

가이드라인의 점검 기준처럼 기업은 산업 평균대비 에너지 사용량이 많은지, 적은지도 살펴보고, 회사 자체의 에너지 사용량이 점차 감소하는 추세인지 등도 살펴보면 좋겠다. 물론 사용량은 단순히 절대량이 아니라 '원단위' 즉, 제품을 1개 만드는데 드는 에너지 사용량으로 계산하여야 한다. 가장 좋은 ESG 경영은 기업의 수익을 높이면서 지속가능발전을 돕는 경영이다.

가이드라인에 따르면 조직의 에너지 사용량이 산업 내 어떠한 수준에 있는지 점검하는 방식에는 산업 평균과 비교하는 방식 외에 (1)'온실가스 배출권의할당및거래에관한법률' 등에 따른 할당량대비 비교, (2)'온실가스·에너지 목표관리제'에 따른 목표대비 비교, (3)조직의 과거년도 배출량을 기반으로 설정한 목표대비 비교, (4)RE100 등 글로벌 합의에 따른 목표대비 비교, (5)조직이 벤치마킹하는 경쟁조직 대비를 비교하는 방식 등이 있다.

## ✣ 용수 사용량

1994년 프랑스 파리에서 '사막화방지협약UNCCD'이 채택됐다. 여기서 '사막화'란 기존의 사막이 확장되는 것을 말하는 것이 아니고, 원래 사막이 아니었던 지역이 '심각한 한발 또는 사막화'로 새로이 사막지역이 생기는 것을 말한다. 인간의 무분별한 벌목과 관개시설 미비에 기후변화까지 겹쳐 아프리카 지역들이 토양이 침식되는 것을 사막화라고 한다. 한국은 이 협약에 1999년 가입하였다. 물 관련법으로는 '물관리기본법'과 '물환경보전법'이 있다.

물에 관해 국가는 크게 세 종류로 나뉜다. '물기근국가, 물부족국가, 물풍요국가'이다. 한국은 물부족국가에 속한다. 그럼에도 한국은 물 부족현상을 심각하게 받아들이지 않아, 기업 생산 시설 등에서도 물이 비효율적으로 사용되는 경우가 있다. 가이드라인은 '조직이 용수를 공급받는 취수원을 보호하고 있는지, 또는 사업장이 위치한 지역의 수자원 고갈 리스크에 대비하고 있는지를 간접적으로 점검'하기 위해 본 항목을 포함했고, '조직이 사용하는 용수 총량<sub>신규 취수량, 내부 재사용량</sub>을 효율적으로 관리하고 있는지 확인' 하도록 하고 있다. 여기서 용수 사용량이란 환경에서 유입한 취수량 과 조직 내 재사용량에 다른 조직에서 전달받은 폐수량을 더한 총량이다.

가이드라인은 조직의 용수 사용량이 산업 내 어떠한 수준에 있는지 점검하는 방식에는 산업 평균과 비교하는 방식 외에 (1)조직이 취수 받는 수원별 공급능력 대비, (2)조직의 사업장이 위치한 지역별 수자원 부존량 대비, (3)조직의 과거년도 사용량 기반으로 수립한 목표 대비, (4)조직이 자체적으로 수립한 용수 절감 목표 대비, (5)조직이 벤치마킹하는 경쟁조직의 용수 사용과 비교하는 방식 등을 제시하고 있다.

### ❖ 폐기물 배출량

기업에서 폐기물은 덜 나올수록 좋은 것이고, 설사 나와도 재활용할 수 있으면 더 좋은 것이다. ESG 경영에서 사업 기회는 종종 폐기물재활용<sub>리사이클링</sub>에서 발견되며, 기술개발도 가속화될 수 있다.

가이드라인에 따르면 폐기물은 크게 네 종류로 나뉜다. 사업장

배출시설계폐기물, 사업장생활계폐기물, 지정폐기물, 건설폐기물이다. 지정폐기물은 사업장폐기물 중 폐유·폐산 등 주변 환경을 오염시킬 수 있거나 의료폐기물 등 인체에 위해危害를 줄 수 있는 해로운 물질을 뜻한다. 건설폐기물은 건설·토목공사로 인하여 발생되는 폐기물로서, 기존 건축물 및 구조물 철거 시 발생되는 건설폐재류폐콘크리트, 폐아스팔트콘크리트, 폐벽돌 등 및 합성수지류, 목재류, 고철류 등의 기타 폐기물을 말한다. 본 항목은 폐기물이 줄고 있는지, 감소하는 추세인지, 산업 평균 대비 적은지 등을 점검하는 항목이다.

### ❖ 대기오염물질 배출량

환경부가 '사업장 대기오염물질 총량관리제도'에서 규정한 '관리대상 오염물질' 중 대표적 3개 물질은 질소산화물NOx, 황산화물SOx, 미세먼지PM2.5이다.

가이드라인에 따르면 '사업장 대기오염물질 총량관리제도'란 사업장에 연도별로 배출허용총량을 할당하고, 이를 준수하는 사업장은 잔여 할당량을 판매할 수 있고, 이를 초과하는 사업장은 총량초과 과징금을 부과하도록 되어있는 제도이다.

대기오염물질 관리의 기본법은 '대기환경보전법'이며, 본 법에 따라 정부나 지자체는 기업의 대기오염물질 저감 성과를 점검할 수 있다. 대기오염물질 측정은 '환경 분야 시험·검사 등에 관한 법률'에 따라 객관적으로 이루어져야 하며, 그 측정 결과에 따라 기업은 자기 평가를 하는 것이 바람직하다. K-ESG 가이드라인에 따라 자가진단 혹은 자제점검을 하기 위해서는 단순히 머릿속의 수치가 아니라 측정과 비교를 통하여 정확히 비교하길 권한다.

## ❖ 수질오염 배출량

본 항목은 조직의 직전 1개년 간 최종 배출한 폐수 내 생물화학적 산소요구량BOD, 화학적 산소요구량COD, 부유물질량SS의 평균 배출농도가 산업평균 미만인지, 지난 5개년간 평균 배출농도가 저감 추세에 있는지를 측정하는 것이 목적이다. 역시 산업 평균 미만이거나 배출농도가 저감 추세라면 바람직하게 평가될 것이다.

가이드라인이 자금과 인력이 부족한 중소기업에게 즉각적인 도움이 되기 어려운 부분은 대부분 환경 분야 총 9개 문항에 몰려있다. 환경영역은 기업이 자체적으로 환경 경영을 하고 있다고 해서 항목의 점검표를 채울 수 있는 게 아니다.

시계열적인 통계와 그 통계의 근간이 되는 수치가 정확해야 하는데 그 수치를 측정하려면 비용이 들기 때문에 중소기업들은 부담이 크게 되고 있다. 또 설령 측정했다 하더라도 그 수치가 높게 나오거나 계속 배출량, 사용량 등이 증가 추세에 있다면 개선을 해야 한다.

그런데 매달 매출에 쫓기는 중소기업들은 친환경 설비 투자나 기술 도입이 역시 쉽지 않다. 그래서 대기업의 ESG 조력이 필요하고, 금융기관의 지원 혹은 컨설팅이 각별히 필요하다.

피터 드러커는 측정할 수 없다면 관리할 수 없다고 말했다. 그런데 측정된 후에도 자원이 없다면 역시 관리할 수 없다. ESG 선두기업과 금융기관들은 ESG 영역에서는 홀로 성장해선 안 된다. 그리고 성장의 영역도, 크기도 다르기 때문에 맞춤형 ESG 지원이 반드시 필요하다.

## 사회

### ✣ 정규직 비율

본 항목은 한 가지 전제에서 출발하였다. 기업에 정규직이 많을수록 기업이 ESG를 잘하고 있다는 전제이다. 한편, 이 항목은 기업보다는 근로자의 입장에서 더 평가가 강조되었다. ESG중 사회(S)는 '정답이 있다'라기보다는 '올바르다'고 생각하는 방향이 있는 경우가 많다. 그런데 본 항목은 정규직을 많이 채용한 회사가 ESG 측면에서 잘한다고 전제하여 다소 논란의 여지가 있을 수 있다. 가이드라인에서도 다음과 같은 전제를 달아놓았다.

- 정규직 비율과 조직, 사회의 지속가능성 간의 명확한 관계는 아직 정의되지 않았지만 이러한 현상이 단순히 비정규직 근로자의 채용을 문제 삼는 것이 아니라 사용자인 조직의 바람직한 비정규직 근로자 사용 및 처우에 대한 근본적인 고민과 이를 지원 및 해결하기 위한 정부차원의 노력이 함께 이루어져야 할 것이다.
- 다만, 본 항목은 조직의 정규직 비율 확대가 조직과 사회의 지속가능성에 긍정적 영향을 미칠 수 있다고 가정하고 전체 근로자 중 정규직 근로자의 비율을 확인함으로써 조직이 사회적 고용안정성 증진에 얼마나 기여하고 있는지 확인하는 것을 목적으로 설계되었다.

ESG는 개인의 고용안정성이나 개인의 복지차원에서 판단하는 것이 아니라 기업의 수익을 전제로 한 사회적 가치 실현에 그 중심이 있다. 본 항목은 향후 업종과 규모별로 세분화하여 평가 지표를 달리 둘 필요가 있다.

### ❖ 결사의 자유 보장

본 항목은 가이드라인에 따르면 '조직의 직원이 유엔 세계인권선언 제20조에서 제시하는 결사의 자유를 보장받을 수 있는지, 근로자 이해대변 및 협력적 노사관계 형성·유지를 위한 협의기구가 있는지' 확인하기 위한 항목이다. 전반적인 노동관계법에 따라 합법적이고 합리적인 결사의 자유가 보장되고 있는지 판단하기 위한 항목인데, 다만 점수를 매기기 위해 결사의 자유 보장 단계별로 다음과 같이 다섯 가지로 나누어 놓았다는 게 특이점이다. 기업마다 근로정책과 노사환경이 다를 것인바, 역시 업종과 규모별로 향후 세분화할 필요가 있는 항목이다.

**1단계** 노동조합 가입·설립, 노사협의회 설치 관련 정보가 모두 없음(노조 가입·신설 관련 부당노동행위로 노동위 판정 또는 법원 판결이유죄로 확정된 경우)

**2단계** 노동조합 가입·설립 또는 상시근로자 30인 이상인 경우 노사협의회 설치(위원 선임, 협의회규정 제정 등)

**3단계** 2단계 + 과거 또는 현재 적법한 교섭당사자로서의 노동조합과 단체교섭 진행 + 3개월마다 노사협의회 정기회의 개최(회의록 작성·비치)

**4단계** 3단계 + 노동조합과 단체협약(임금협약 포함) 체결 + 노사협의회 정기회의 외 추가 임시회의(노사 실무협의 포함) 개최

**5단계** 4단계 + 체결된 단체협약의 성실한 이행(단체협약 위반시 불이행으로 간주) + 노사협의회 의결(합의) 여부

※ 노동조합 가입·설립 정보가 없는 경우에는 노사협의회 설치·운영에 한정하여 점검 기준을 적용

#### ∻ 여성 구성원 비율

본 항목은 직장 내 여성 구성원 비율과 미등기 임원 비율을 비교 평가함으로써 흔히 말하는 '유리천장'이 얼마나 두꺼운지를 보

는 항목이다.

가이드라인에 따르면, 조직의 전체 구성원 중 여성 비율과, 미등기임원 중 여성 비율의 차이를 측정하는 이유는 여성이 안정적으로 근무할 수 있는 근로환경을 제공하고 있는지, 여성 리더를 적극적으로 발굴 및 육성하고 있는지 확인하기 위함이다. 가장 높은 평가를 받는 단계는 조직의 전체 구성원 중 여성이 차지하는 비율과, 미등기임원 중 여성이 차지하는 비율의 차이가 20% 이하인 경우이다. 비율의 차이가 낮을수록 해당 조직은 여성에게 안

1단계 | 조직의 전체 구성원 중 여성이 차지하는 비율과, 미등기임원 중 여성이 차지하는 비율의 차이가 80%를 초과하는 경우

2단계 | 조직의 전체 구성원 중 여성이 차지하는 비율과, 미등기임원 중 여성이 차지하는 비율의 차이가 60% 초과 ~ 80% 이하인 경우

3단계 | 조직의 전체 구성원 중 여성이 차지하는 비율과, 미등기임원 중 여성이 차지하는 비율의 차이가 40% 초과 ~ 60% 이하인 경우

4단계 | 조직의 전체 구성원 중 여성이 차지하는 비율과, 미등기임원 중 여성이 차지하는 비율의 차이가 20% 초과 ~ 40% 이하인 경우

5단계 | 조직의 전체 구성원 중 여성이 차지하는 비율과, 미등기임원 중 여성이 차지하는 비율의 차이가 20% 이하인 경우

정적인 근로환경과 충분한 역량개발 기회를 제공하고 있다고 보는 것이다. 가이드라인은 조직의 경영환경 및 산업특성을 고려하여 '성별' 외 다양성 범주로서 '연령, 민족, 인종, 국적, 정치적, 종교적, 사상적 배경 등'도 제시하고 있다.

## ⁜ 여성급여비율

가이드라인에 따르면 본 항목은 조직이 다양성 측면에서 소수계층, 사회적 취약계층, 기타 단순한 신체적 차이를 사유로 급여 지급에 차별을 두는 인사제도와 고용관행이 있는지 확인하기 위한 항목이다. 국내 인구 구조적 특성을 고려하여, 차별이 발생하는 다양한 사례 중 성별에 따른 급여 차이가 발생하는지 점검하고자 함이라고 한다.

본 협약은 조직의 남녀 구성원 중 평균 급여액 미만의 급여를 받는 집단을 기준으로 급여 차이를 확인하는 항목으로써, 1인 평균 급여액대비 '여성 1인 평균 급여액'(또는, 남성 1인 평균 급여액) 비율을 점검하는 취지라고 한다. 가이드라인은 '조직의 성별 다양성 증진 활동이 효과적으로 실행되었다면, 상위 직급 여성의 분포가 높아졌거나, 여성의 근속연수가 증가하였을 것이며, 이는 여성의 평균 급여액이라는 데이터에 반영되기 때문'으로 판단한다. 그 결과 '전체 구성원의 평균 급여액 대비 여성의 평균 급여액이

10% 이내, 또는 동일한 경우 해당 조직의 다양성 관리는 효과적으로 이루어졌다고 볼 수 있다'라고 진단하고 있다.

### ❖ 장애인 고용률

정부는 장애인 고용의무제도를 두어 국가·지방자치단체와 50명 이상 공공기관·민간기업 사업주에게 장애인을 일정비율 이상 고용하도록 의무화하고, 미준수 시 부담금(100명 이상)을 부과하고 있다. 민간기업의 경우 2021년에는 3.1%가 장애인 의무 고용률이었다. 가이드라인에 따르면 본 항목은 '정부의 장애인 의무고용률을 기준으로 조직이 해당 사회적 책임을 이행하고 있는지를 점검'하기 위함이다. 본 항목은 장애인 고용률을 준수하지 못하는 기업들에 대해 법정 의무고용률을 준수하도록 ESG 진단을 통해 촉구하는 의미가 있겠다.

### ❖ 안전보건 추진 체계

코로나 사태 이후 가장 관심이 커진 주제가 '일터의 안전과 직원의 건강'이다. 코로나 사태로 보이지 않았던 일터의 안전 사각지대가 주목받았고, 자신이 챙기는 게 당연하였던 직원의 건강도 이제는 직장이 살펴야 하는 요소가 되었다. 일본 이토추상사는 직원들의 비만도(BMI)를 관리한다. 이 회사는 모든 직원들의 건강을 챙긴 덕분에 질병으로 인한 퇴사율도 제로였고, 스트레스 테스트에서 고위험 판정을 받은 비율도 채 3%가 안 되었다.

가이드라인에 따르면 '안전보건 관리는 조직의 사회적 책임이며, 경쟁력 제고의 첫걸음'이다. 최근 ESG에 대한 사회적 관심이 증가하는 상황에서, 특히 안전보건 관리는 ESG 이행의 가장 기본이 되는 사항이다. 안전은 비용이 아닌 투자이며, 경영의 일부다. 가이드라인이 권고하는 안전보건관리체계는 다음과 같다.

---

효과적인 안전보건관리체계를 구축하고 이행하기 위해서는 (1)경영자가 '안전보건경영'에 대한 확고한 리더십을 가져야 한다. (2)모든 구성원이 '안전보건'에 대한 의견을 자유롭게 제시할 수 있어야 한다. (3)작업환경에 내재되어 있는 위험요인을 찾아내고 위험요인을 제거·대체하거나 통제할 수 있는 방안을 마련해야 한다. (4)급박히 발생한 위험에 대응할 수 있는 절차를 마련해야 하며 사업장 내 모든 구성원의 안전보건을 확보해야 한다. (5)안전보건관리체계를 정기적으로 평가하고 개선해야 한다.

---

기업이 이러한 안전보건관리체계를 갖추기 위한 절차이자 인증으로서는 ISO45001 국제 규격을 추천한다. 산업 안전보건에 대한 강화 추세는 사회적으로나 정책적으로나 결코 약화하지 않을 것이다.

### ✜ 산업재해율

가이드라인에 따르면 '산업재해'란 '노무를 제공하는 사람이 업무에 관계되는 건설물·설비·원부자재·가스·증기·분진 등에 의하거나 작업 또는 그 밖의 업무로 인하여 사망 또는 부상하거나 질병에 걸리는 것'을 말한다. '산업재해율'은 재해자 수를 연평균 근로자 수로 나누고 100을 곱한 백분율로 계산된다. '재해자라 함은 근로복지공단의 휴업급여를 지급받는 재해자이되, 다만, 질병에 의해 사망한 경우와 사업장 밖의 교통사고·체육행사·폭력행위에 의한 사망, 사고발생일로부터 1년을 경과하여 사망한 경우는 제외된다. 진단은 1년간 산업 평균과 비교하거나 지난 5년간 증감 추세에 따라 점수가 매겨진다.

## ❖ 전략적 사회공헌

ESG가 등장하면서 '이해관계자라는 개념도 함께 강조되고 있다. 이해관계자란 '회사의 성과에 영향을 주거나 회사의 성과에 영향을 받는 사람이나 집단'이다. 대표적인 이해관계자는 사회<sub>지역사회, 정부, NGO</sub>, 협력사, 투자자, 종업원, 소비자들이다. 기존의 사회공헌이 단순히 자선적이고 기부적이었다면, 전략적 사회공헌은 사업적 필요와 사회적 기대를 충분히 고려한 사회공헌을 말한다.

그래서 전략적 사회공헌과 '공유가치창출<sub>CSV</sub>'을 동일한 개념으로 보기도 한다. 하지만 두 개념은 명확히 다르다. 사회공헌을 하되 사업적 필요를 고려하는 것이 전략적 사회공헌이라면, 공유가치

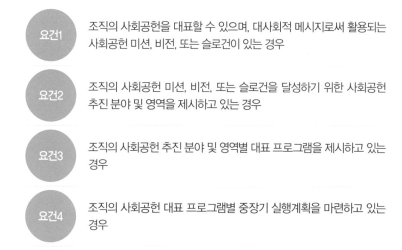

| 요건1 | 조직의 사회공헌을 대표할 수 있으며, 대사회적 메시지로써 활용되는 사회공헌 미션, 비전, 또는 슬로건이 있는 경우 |
| 요건2 | 조직의 사회공헌 미션, 비전, 또는 슬로건을 달성하기 위한 사회공헌 추진 분야 및 영역을 제시하고 있는 경우 |
| 요건3 | 조직의 사회공헌 추진 분야 및 영역별 대표 프로그램을 제시하고 있는 경우 |
| 요건4 | 조직의 사회공헌 대표 프로그램별 중장기 실행계획을 마련하고 있는 경우 |
| 요건5 | 조직의 대표 사회공헌 프로그램이 사업적 또는 사회적으로 기여하는 성과를 측정할 수 있는 성과관리 지표KPIs가 있는 경우 |

창출은 회사의 사업기회를 찾으며 함께 사회의 문제를 풀라는 것이다. 그 말이 그 말 같지만 출발점이 사회냐 회사냐에 따라 그 과정과 결과는 크게 다르다. 필자는 ESG도 CSR보다는 CSV로 수행되어야 한다고 생각한다. ESG의 출발점은 회사의 수익개선과 가치 상승이기 때문이다. 가이드라인은 전략적 사회공헌의 점검 기준을 명확히 단계별로 잘 정리해놓았다. 아쉬운 점은 전략적 사회공헌이라는 항목이지만 기업의 사업기회와 부합되는지 여부는 포함되어 있지 않다는 것이다.

### ✛ 구성원 봉사참여

조직의 구성원이 자발적으로 봉사활동에 참여할 수 있는 분위기를 만들고 인센티브를 가화하는 조직문화를 독려하는 항목이다. 다만, 인력과 재원이 부족한 중소기업에게는 단순히 의지만으로 어려운 부분이 있으므로, 현실을 반영한 항목 구성이 다시 필요하다고 보여 진다. 가이드라인에 따르면, 조직이 구성원의 봉사활동 참여 현황을 정량적으로 관리하고자 할 경우, 봉사활동에 참여한 총 시간 혹은 봉사활동 참여 시간의 금전적 가치 계산 방식으로 봉사활동 참여성과를 점거할 수 있다.

## 지배구조

### ✛ 이사회 내 ESG 안건 상정

ESG 열풍과 함께 각 기업에서는 ESG위원회, 지속가능위원회 등 이사회 산하 혹은 별도의 위원회를 설치하기에 바빴다. 그런데 정작 ESG위원회가 해야 할 일이 무엇인지, 구체적인 의사결정 사항이 무엇인지는 기업마다 달랐다. ESG위원회를 설치했지만 전문가로 구성하지 않았거나, ESG에 관한 의사결정을 하지 않거나, 심지어 안건 상정조차 없다면 이 또한 넓은 의미의 '그린워싱'이라고 할 수 있다. 가이드라인은 꼭 명칭이 ESG위원회가 아니더라도, 예컨대 사회책임위원회, 투명경영위원회, 거번너스위원회, 경영위원회, 감사위원회 등을 통해서라도 ESG 안건을 상정하고 심의하길 권고하고 있다.

## ✛ 전체이사 출석율

상법은 이사의 이사회 출석 의무를 강제하고 있지는 않지만, 기업의 선량한 관리자로서, 기업 경영을 위탁받은 수임자로서 이사는 당연히 이사회에 충실히 참석하여야 한다. 종합적이고 투명한 의사결정을 위해서 이사는 이사회에 최대한 참석하여야 하고, 회사 역시 이사가 이사회에 참석할 유인책을 많이 만들어야 한다. 본 항목은 참석률에 따라 점수가 매겨지도록 되어 있다.

## ✛ 이사회 안건 처리

본 항목은 지배구조에서 가장 중요한 항목이라고 할 수 있다. ESG중 G의 핵심이라고 할 수 있는 '건전하고 독립적이며 투명한 의사결정'을 제시하고 있기 때문이다.

필자가 중요하게 생각하는 것은 이사들이 독립적인 의사결정을 할 수 있는 제도 그 자체보다 이사들이 충분히 공부해서 기업을 위한 의사결정에 성실히 참여하는지 여부이다. 본 항목은 그런 맥락에서 '조직은 이사들에게 충분한 시간을 확보하고, 물적·인적 자원에 대한 자유로운 접근과 지원을 해야 하며, 이를 내부 규정으로 명문화해야 한다'고 규정하고 있다. 다만, 점검 기준이 '이사회 활동 내역 또는 이사회 의사록 등을 통해 전체 안건 중 수정, 보완 및 반대 의견이 나타난 안건의 비율을 측정'한다는 점은 보완이 필요하다. 반대가 많을수록 건전하게 의사결정이 이루어졌다고 말하기는 어렵기 때문이다. 물론, 거수기가 되어서도 안 되겠지만 일부러 반대의견을 표명하여 회사의 ESG 점수를 올리려고 하는 부작용도 있을 수 있기 때문이다. 또한 반대를 위한 반대로 의사결정의 효율성을 저해할 수도 있다는 점에서 앞으로 심도 있는 개정이 필요한 항목이다.

### ⁂ 주주총회 소집 공고

본 항목은 상법 363조 주주총회 소집 통지 절차를 잘 준수한다면 크게 문제될 것이 없는 항목이다. 다만, 얼마나 다양한 채널로 주주총회 소집을 알리는지에 따라 가점이 될 수 있도록 점검기준은 되어있다. 가이드라인은 주주총회 소집 통지서 외 (1)조직의 사업장 게시판, (2)조직의 온라인 홈페이지, (3)명의개서대행사, (4)일간지(신문), (5)전자공시시스템 등을 보완적으로 사용하면 할수록 높은 점수를 받도록 하고 있다.

### ❖ 윤리규범 위반사항 공시

　본 항목은 윤리규범 자체를 준수하는 것을 점검하는 것이 아니라, 윤리규범 위반사항을 얼마나 잘 공시하고 있는지를 점검하는 것이다. ESG 평가는 공개정보 기반으로 이루어지는 경우가 많이 있어, 자칫 기업의 중요 비공개정보가 평가요소에 누락될 수 있다. 그래서 본 항목은 윤리규범 공시에 관해 기업이 얼마나 시스템을 갖추었는지로 성과기준을 삼고 있다.

　이제까지 K-ESG 가이드라인 중 중소·중견기업을 위한 27개 항목을 하나씩 살펴보았다. 대기업을 포함한 61개 항목 중 중소·중견기업을 위한 항목을 발췌한 것이라 중소·중견기업에게 단순히 적용하기 어려운 항목들도 있었다. 특히 지향하는 목표는 바람직하나, 중소·중견기업의 현실을 반영하지 못하거나 자금과 인력의 부족을 간과한 항목들도 더러 보였다.

　향후 업종별, 규모별 세분화를 통해 항목들이 개선되리라고 믿으며, 중소·중견기업들도 그때까지는 ESG 성과 자체보다 ESG의 방향을 점검하는 기준으로 삼기 바란다.

## SEE가 ESG로 바뀐 이유

ESG환경·사회·지배구조는 원래 'SEE'였다. 2000년 초반 해리 허멜스를 위시한 학자들은 사회, 환경, 윤리Social, Environmental, Ethical인 'SEE'를 주창했다. 기업이 사회적 책임을 지고 환경을 보호하며 윤리적으로 행동하는 것이 바로 SEE다. 그런데 기업이 윤리의식을 저버리고 분식회계 등 부도덕한 경영을 일삼는 사례가 나타나자 이해관계자들은 기업에 집단 압력으로 해결할 수 있는 환경E과 사회S는 두고 윤리만 지배구조로 못 박았다. 이해관계자들은 기업의 지배구조를 시스템과 제도로 확정해두어야 기업이 자의 반 타의 반으로라도 ESG를 실행하리라고 본 것이다. 이후 G는 2가지 의미를 지니게 되었다. 기업 자체의 지배구조나 의사결정이 민주적이고 투명해야 한다는 의미와 기업이 합리적이고 공정한 의사결정 구조를 갖춰 E와 S를 잘 실행해야 한다는 의미다.

이 두 가지를 위해 기업이 갖춰야 할 핵심 지배구조는 무엇일까. K-ESG 가이드라인에 따르면 지배구조G 항목은 17개로 구성되어 있다. 이 17개의 지배구조 항목은 매우 촘촘하다. 그런데 가장 중요한 것이 하나 빠졌다. 바로 경영진의 'ESG 리더십'이다. 지배구조는 하드웨어와 소프트웨어 모두 필요하다. 기존 지배구조제도가 하드웨어라면, ESG 리더십은 소프트웨어다. SEE는 제도적 기반 없이 경영자나 기업의 윤리의식에 의존하던 요소라 사라졌지만, 지금의 ESG는 반대로 경영자나 기업의 리더십을 몰각한 채 제도와 운영에 천착하고 있다. 한국기업지배구조원의 ESG 모범 규준에는 '이사회 리더십'이라는 항목이 있지만, 역시 경영자 개인보다는 이사회 자체의 역할과 책임에 집중되어 있다. 기업이 가장 잘 갖춰야 할 지배구조는 경영진의 ESG 리더십이다. 블랙록의 래리 핑크가 월스트리트 리더십으로 불리며 ESG 선두주자가 되었듯이 말이다. ESG 리더에게는 어떤 특징이 있을까? ESG 리더는 당면한 위기를 돌파하고 차후의 걱정거리를 없애기 위해 과감하게 혁신과 도전을 감행한다. ESG 리더의 대표로는 일론 머스크를 예로 들 수 있다. 타임지에 따르면, 그는 '지구와 지구 바깥의 삶을 개조하고 있는' 리더다. 일론 머스크는 언젠가 지구 외에 인간이 거주할 행성이 필요할 거라는 고민을 해왔다. 그래서 지구에 전기차를 보급하는 것에 만족하지 않고, 스페이스 엑스로 민간인 로켓을 우주로 쏘아 올리며 지구 바깥을 개척하고 있다.

세일즈포스 창업자 마크 베니호프는 돈과 선善 중 무엇을 택할 것인가라는 기업의 고심을 자사의 기술 우위로 해결했다. 그는 사회적 수익doing good과 경제적 이익doing well을 모두 만족시킨 기업가다. 명품 기업인 샤넬의 CEO 리나 나이르 역시 뛰어난 ESG 리더. 인도 출신 소수계 여성으로서 콧대 높은 유럽 기업의 유리천장을 뚫으며 CEO 자리에 올라 ESG 리더의 롤모델이 되었다. 그녀는 유니레버 재직 시절부터 다양성과 포용성, 형평성을 포함하는 인사 프로그램을 과감히 실행한 것으로 유명하다. 마이크로소프트 CEO 사티아 나델라는 "직원들에게 모든 것을 배워라learn-it-all"라고 외치며 회사를 학습 조직화하고 협력과 조화를 새로운 기업문화로 이식했다. 그 결과 회사는 성공적 클라우드 기업으로 변신했고, 기업 가치는 급상승했다.

리더란 보완적 기술을 가진 사람들로 하여금 완벽한 성과를 만들게 하는 사람이다. 그 완벽한 성과가 이제 기업의 '지속가능함sustainability'으로 재정의되고 있다. 지속가능한 기업이 되기 위해서는 무엇보다 지속가능 리더가 필요하다. 글로벌 기업이 '지속가능경영 최고책임자Chief Sustainability Officer, CSO'를 양성하는 것도 같은 맥락이다.

ESG 시대에는 기존 문법으로 설명되지 않는 현자가 더 많이 나와야 한다. ESG 리더십이 본격적으로 논의되어야 할 때다.

출처 : 한경ESG, 2022년 3월호, Vol 9

## 02

# K-택소노미
## (한국형 녹색분류체계)

## 1_ 추진 배경

EU는 2021년 6월 '지속가능금융 행동계획' 중 하나로 EU 환경 택소노미를 발표하였다. 택소노미taxonomy라는 영어단어는 순서를 뜻하는 'taxis'와 법이나 과학을 뜻하는 'nomos'라는 단어가 합쳐 져 '분류체계'라는 뜻이 되었다.

'EU 택소노미 규정EU Taxonmy Regulation'은 다음과 같이 4가지 요건을 갖추었을 때 진정한 녹색 활동이라고 규정하였다.

첫째, 6대 환경 목표 중 하나에 기여해야 하고substantial contribution

둘째, 다른 환경 목표에 피해를 주지 않아야 하며DNSH : Do No Significant Harm

셋째, 최소한의 사회적 안전장치를 준수해야 하고social safeguards

넷째, 기술선별기준TSC : Technical Screening Criteria에 부합해야 한다.

6대 환경 목표란 기후변화 완화, 기후변화 적응, 수자원 및 해양 자원의 보호와 지속가능한 이용, 순환 경제로의 전환, 오염 방지 및 통제, 생물 다양성과 생태계의 보호 및 복원을 말한다.

택소노미란 기업의 ESG 경영활동이 지켜야 할 최소한의 지속가능성 기준이라고 보면 된다. 즉 이 선을 넘으면 기업이 하는 ESG 활동은 위장환경주의 즉 그린워싱이라고 판단하게 된다. 흔히 말하는 그린워싱이란 ESG 제품이나 서비스가 아닌데 그렇게 보이게 하거나, ESG 제품이나 서비스이긴 한데 그것을 과장해서 홍보하는 것을 말한다.

## 그린워싱 개념

캐나다 환경마케팅 대행사인 TerraChoice는 2010년 미국과 캐나다 전역의 매장에서 판매되는 4,744개의 '친환경' 제품에 관한 주장을 조사했고, 이러한 제품 중 95% 이상이 다음 중 적어도 하나의 ESG 세탁green washing을 하고 있음을 발견했다. 그린워싱 혹은 ESG워싱은 다음과 같이 7가지 방법으로 이루어진다고 보고서를 냈다.
첫 번째, '숨겨진 맞바꾸기Hidden Trade-Off'이다. 해결되지 않은 하나의 속성은 숨긴 채 다른 속성을 강조해서 마치 친환경제품으로 보이게 하는 것을 말한다. 예컨대, 엄청난 공해를 배출하는 설비로 제품을 재활용기술로 생산하고서는 '재활용 제품'이라고 강조하는 것이다. 공해라는 속성은 숨기고 재활용만 강조해서 결국 고객들에게 재활용제품으로 오해하게 만드는 것이다.

두 번째, '증거 없음No Proof'이다. 아무런 지원 데이터 없이 그냥 이 제품은 ESG에 부합하는 제품이라고 주장하는 것이다. 예를 들면 전구는 늘 에너지 효율이 높다고 쓰여 있는데 도대체 무슨 근거로, 무슨 데이터로 그 전구가 에너지 효율이 높다고 주장되는지 증거가 없는 경우이다.

세 번째, '모호함Vagueness'이다. 애매모호한 용어를 사용해서 잘못된 정의나 너무도 광범위한 의미를 사용하는 경우이다. 예를 들면 '천연 세제'는 이름은 '천연natural'인데 여전히 자연에 유해한 성분을 담고 있는 경우다.

네 번째, '부적절함Irrelavance'이다. 친환경적인 제품을 찾을 때 기술적으로는 사실이지만, 특별히 구별할 만하지 않은 요소를 쓰는 것을 말한다. 예를 들면, 'CFC-free'라고 썼는데 CFC는 법적으로 위반되는 것이 아니므로 특별한 의미를 가진 것이 아니다. 그런데 'free함유하고 있지 않음'이라는 표현을 쓰고 있으니까 마치 해로운 성분을 포함하고 있지 않은 것처럼 보일 뿐이다.

다섯 번째, '차악次惡 홍보Lesser of Two Evils'이다. 카테고리 전체가 반反환경적인데 그중에서 이 제품만은 친환경적이라고 홍보하는 것이다. 최악들인데 그중에서 차악을 홍보하는 것이다. 예를 들면 '친환경 담배' 같은 것이다. 어차피 담배는 반反환경적인데, 그 중에서 친환경이라고 해봐야 결국은 최악 속에서 '최악 다음'을 주장하는 것이다.

여섯 번째, '사소한 거짓말하기Fibbing'이다. 마치 공식적인 인증을 받은 것처럼 말하는데 실은 인증 받지 않은 경우다.

일곱 번째, '거짓 인증 라벨 내세우기Worshiping False Labels'이다. 실제로 존재하지도 않는 인증 라벨을 가져다 붙여 마치 제품이 권위 있는 인증 라벨을 받은 것처럼 보이게 하는 경우다.

위와 같은 그린워싱을 방지하고 지속가능한 경제활동을 유도하도록 만든 지침이 바로 택소노미이고 유럽에서 먼저 기준을 만들었다.

한국도 2021년 12월에 '한국형 녹색분류체계 가이드라인'을 발표하였다. 가이드라인에 따르면 다음과 같이 '녹색부문'과 '전환부문'으로 나누어 세부 경제활동을 분류하였다. 적용 대상 및 범위에 대해서는 아래와 같이 녹색 금융 지침서의 역할을 제시하고 있다.

---

2021년 12월 발표된 K-택소노미는 녹색금융 활성화에도 기여할 것이며 환경정보의 투명한 공시를 통해 투자자들의 ESG 관련 금융상품에 대한 건전한 투자를 도울 목적으로 만들어졌다. K-택소노미는 '환경기술 및 환경산업 지원법' 개정안에서 이미 그 근거가 마련되었다. 본 법에 따르면 금융기관은 환경적 요소를 투자의사결정에 반영하는 투자환경책임투자를 하기 위하여 노력하여야 하고, 환경책임투자의 지원 및 활성화를 위하여 환경적으로 지속가능한 경제활동 여부를 판단하기 위한 녹색분류체계를 수립한다고 되어 있다.

한국형 녹색분류체계는 환경목표에 기여하는 세부 경제활동으로 구성되어 있다. 탄소중립 사회 및 환경개선에 기여하는 경제활동인 '녹색부문'과 탄소중립으로 전환하기 위한 중간과정으로서 과도기적으로 필요한 경제활동인 '전환부문'으로 구성되어 있다.

녹색부문은 온실가스 감축산업, 발전·에너지, 수송, 도시·건물, 농업, 이산화탄소 포집, 연구개발, 기후변화 적응, 물, 순환경제자원순환, 메탄가스 활용, 오염대기오염 방지 및 처리, 해양오염 방지 및 처리, 생물다양성 분야로 구분되며, 총 64개 녹색경제활동으로 구성되어 있다.

한국형 녹색분류체계는 녹색경제활동을 정의하는 지침서로써 녹색금융에 활용될 수 있다. 그 예로 2020년 12월 발간된 환경부와 금융위원회의 '한국형 녹색채권 가이드라인'에 따라 선정, 투자하게 되는 '녹색프로젝트'의 기준으로 활용될 수 있다. 한국형 녹색채권 가이드라인에 따른 녹색채권의 녹색프로젝트는 한국형 녹색분류체계의 적합성 판단기준을 모두 충족한 프로젝트에 한정한다. 나아가 녹색 프로젝트 파이낸싱, 녹색여신, 녹색펀드 등 다양한 녹색금융활동 및 기업과 금융기관 공시 전반에 적용될 수 있을 것으로 기대한다.

---

## 2_ 녹색분류체계 적합성 판단

택소노미에 따르면 기업은 생산 활동이나 금융상품이 프로젝트 단위, 자산 단위, 기업 단위로 녹색경영인지를 판단할 수 있다. 즉, 프로젝트 단위로 재생에너지 등 특정 프로젝트에 대한 녹색경제활동 해당 여부를 판단할 수 있고, 자산 단위로 생산시설 등 특정 자산에 대한 녹색경제활동 해당 여부를 판단할 수도 있다. 또한 기업 단위로 기업 전체의 매출액 중 한국형 녹색분류체계 적합성 판단을 충족하는 녹색 자산 또는 프로젝트 관련 매출 비중, 연간 자본지출 중 녹색 자산 또는 프로젝트 관련 투자 규모·지출 비중 등을 판단할 수도 있다.

택소노미는 기업의 생산 활동이나 금융상품이 과연 ESG 경영에 부합하는 녹색제품인지, 지속가능성을 고려하여 설계되고 판매되고 있는지 등을 가를 수 있는 구체적인 지침이라는 면에서 충분히 활용가능하다. 그렇다면 구체적으로 어떠한 평가 절차를 실시해야 될까? 가이드라인은 다음과 같이 제시하고 있다.

---

**| 녹색분류체계 적합성 판단 절차**

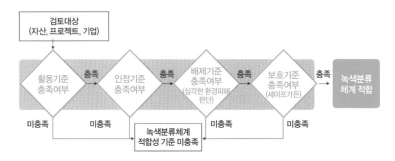

- **활동기준 판단**   경제활동이 활동기준에 부합하는지 판단
- **인정기준 판단**   경제활동이 6대 환경목표 중 하나 이상의 환경목표 달성을 위한 기술적 기준에 부합하는지 판단
- **배제기준 판단**   경제활동이 심각한 환경피해 판단기준(DNSH 기준)에 따른 요건에 부합하는지 판단
- **보호기준 판단**   경제활동이 인권, 노동, 안전, 반부패, 문화재 파괴 등 관련 법규를 위반하지 않는지 판단

※ 위의 인정기준 및 배제기준에 명시되지 않았더라도 해당 경제활동과 관련된 국내 환경법, 고시, 지침, 기준 등이 있다면 이를 모두 준수해야 함

---

　가이드라인에 따르면 녹색분류체계에 특정 활동이 속하는지 여부는 네 가지 테스트를 통과해야 한다. 어떠한 경영활동이든 활동기준, 인정기준, 배제기준, 보호기준 이렇게 네 가지 테스트에서 모두 인정되어야 녹색활동에 속하게 된다.

가이드라인의 활동 중 철강 제조의 예를 들어서 설명하겠다. '배출원단위가 상대적으로 낮은 철강 제조'의 경우 먼저 활동기준은 다음과 같다. 우선 '배출원단위가 상대적으로 낮은 소결광·코크스·선철 생산 및 전기아크로를 이용한 조강 반제품 생산에 필요한 설비 또는 온실가스 감축에 기여하는 최적가용기법BAT으로 철강을 생산하는 설비를 구축·운영하는 활동'에 회사의 철강 제조 공정이 해당되어야 한다. 최적가용기법은 Best Available Techonlogy의 약자 BAT를 쓰며, 현재 사용 가능한 최적화된 기법을 사용하라는 취지이다. 만약 그렇지 못하면 활동기준부터 녹색분류체계상 녹색경제활동에 속하지 못하는 것이다. 만약 위 활동기준에 속한다면 다음은 인정기준으로 넘어가면 된다.

인정기준은 철강 제조 공정에서 온실감축 목표를 충족하는가를 보는 것이다. 예를 들면 '신설·증설·개조하려는 전기아크로를 이용한 조강 반제품 생산 관련 설비의 제품 생산량대비 온실가스 원단위가 0.307898톤 CO2eq./제품 톤(국내 제품 벤치마크 상위 20%) 이내에 해당하는가?'를 판단하여 이에 해당되면 녹색경제활동이 되는 것이다. 철강 제조의 경우는 5개의 인정기준이 있는데 이 가운데 해당 공정이 하나에 해당되면 당해 공정은 녹색경제활동이 되는 것이다. 일관제철공정은 다양한 공정으로 이루어지고, 반제품의 경우는 일부 공정만 적용되므로 해당 공정이 녹색분류체계에 속하는지 여부가 중요하다. 전 공정이 모두 모든 기준을 충족할 필요는 없다.

생산공정이 인정기준이 충족되었다면 다음은 배제기준을 통과해야 한다. 배제기준이라 함은 '다른 환경 목표에 피해를 주지 않아야 한다DNSH : Do No Significant Harm'는 원칙에 입각한 것이다. 즉, 설사 철강 생산공정이 '인정기준'을 충족한다 하더라도 다른 환경기준을 어긴다면 여기서 기준위반이 되어 그 공정이나 생산 활동은 녹색경제활동이 되지 못한다. 철강 제조의 경우는 다음과 같이 다섯 가지 기준을 충족하여야 한다. 다섯 가지 기준은 기후변화 적응, 물, 오염, 자원순환, 생물다양성의 배제기준의 관련 요건을 충족하고 있는가? 여부이다. 이 각각의 배제기준은 녹색분류체계에 붙임으로 되어 있으므로 참고하면 되겠다.

이제 배제기준까지 통과하였다면 끝으로 보호기준을 통과하여야 한다. 보호기준이란 해당 경제활동이 '해당 경제활동이 기획, 건설, 운영과정에서 인권아동노동 등, 노동강제노동 등, 안전중대재해 등, 반부패뇌물수수 등, 문화재 파괴 등 법규 위반 행위와 무관한가?'를 판단하는 것이다. 해당 경제활동이 최소한의 사회적 안전장치 즉 세이프가드를 위반하지 않는지 여부를 판단하는 것이다. 아무리 환경 택소노미라 하더라도 환경(E)가 사회(S)에 악영향을 끼치면 안 된다는 취지이다.

## 한국형 녹색분류체계 가이드라인 중 '철강 제조 활동' 발췌

### (3) 배출원단위가 상대적으로 낮은 철강 제조

| ①활동기준 | | |
|---|---|---|
| 배출원단위가 상대적으로 낮은 소결광·코크스·선철 생산 및 전기아크로를 이용한 조강 반제품 생산에 필요한 설비 또는 온실가스 감축에 기여하는 최적가용기법(BAT)으로 철강을 생산하는 설비를 구축·운영하는 활동 | | ☐ |

| ②인정기준 | | |
|---|---|---|
| 온실가스 감축 | 가. 신설·증설·개조하려는 '소결광 생산공정의 제품생산' 관련 설비의 제품생산량 대비 온실가스 원단위가 0.273192톤 $CO_2eq$/제품 톤 (국내 제품 벤치마크 상위 20%)이내에 해당하는가? 또는 ※해당 기준은 우리나라 온실가스 배출권거래제 제3차 계획기간의 제품 벤치마크 산정방식에 따르며, 원단위 기준 상위 20%의 값임 | ☐ |
| | 나. 신설·증설·개조하려는 '코크스 생산공정의 제품생산' 관련 설비의 제품생산량 대비 온실가스 원단위가 0.814805톤 $CO_2eq$/제품 톤 (국내 제품 벤치마크 상위 20%)이내에 해당하는가? 또는 ※해당 기준은 우리나라 온실가스 배출권거래제 제3차 계획기간의 제품 벤치마크 산정방식에 따르며, 원단위 기준 상위 20%의 값임 | ☐ |
| | 다. 신설·증설·개조하려는 '선철 생산공정의 제품생산' 관련 설비의 제품생산량 대비 온실가스 원단위가 0.388012톤 $CO_2eq$/제품 톤 (국내 제품 벤치마크 상위 20%)이내에 해당하는가? 또는 ※해당 기준은 우리나라 온실가스 배출권거래제 제3차 계획기간의 제품 벤치마크 산정방식에 따르며, 원단위 기준 상위 20%의 값임 | ☐ |
| | 라. 신설·증설·개조하려는 '전기아크로를 이용한 조강 반제품 생산' 관련 설비의 제품생산량 대비 온실가스 원단위가 0.307898톤 $CO_2eq$/제품 톤 (국내 제품 벤치마크 상위 20%)이내에 해당하는가? 또는 ※해당 기준은 우리나라 온실가스 배출권거래제 제3차 계획기간의 제품 벤치마크 산정방식에 따르며, 원단위 기준 상위 20%의 값임 | ☐ |
| | 마. 신설·증설·개조하려는 제철 설비가 최적가용기법※을 적용하여 철강 제품을 생산하는가? ※상기 최적가용기법 인정기준은 ISO 14030-3에 따른 기술 목록이 제정되면 관계부처 협의 후 적용 예정 | ☐ |

| ③배제기준 | | |
|---|---|---|
| 기후변화적응 물 | '붙임2. 배제기준-기후변화적응'의 관련 요건을 충족하고 있는가? '붙임3. 배제기준-물'의 관련 요건을 충족하고 있는가? | ☐ |
| 오염 | '붙임4. 배제기준-오염'의 관련 요건을 충족하고 있는가? | ☐ |
| 자원순환 | '붙임5. 배제기준-자원순환'의 관련 요건을 충족하고 있는가? | ☐ |
| 생물다양성 | '붙임6. 배제기준-생물다양성'의 관련 요건을 충족하고 있는가? | ☐ |

| ④보호기준 | | |
|---|---|---|
| 해당 경제활동이 기획,건설,운영과정에서 인권(아동노동 등), 노동(강제노동 등), 안전(중대 재해 등), 반부패(뇌물수수 등), 문화재 파괴 등 법규 위반 행위와 무관한가? | | ☐ |

## 3_ E는 돈과 기술

작금의 기후위기는 심각하다. 데이터가 너무 많아 인용하기가 어려울 정도이다. 그런데 탄소중립은 과연 이상적으로 가능할까? E에 집중된 현재의 ESG는 돈과 기술에 관한 문제이다. 돈만 많다고 해서 환경의 목표를 달성할 수는 없다. 기술의 발전이 따라가야 한다. K-택소노미에서 보듯 녹색경제 활동이 되기 위해서는 최적가용기술을 써야 한다. 최적가용기술이 발전하면 발전할수록 녹색경제활동은 더욱 확산될 것이다. 기술은 그냥 발전하는가? 당연히 돈과 투자가 들어간다. 그래서 ESG중 E 분야는 특히 돈과 기술이 모두 필요한 분야다.

대표적인 돈과 기술에 관한 문제가 '탄소포집저장기술ccs'이다. 탄소포집저장기술은 이산화탄소를 잡아서 땅속이나 바다 속에 모아 묻어버리는 방법이다. 풍선에 바람을 불어넣어 두는 효과이다. 심지어 이 탄소를 그냥 묻어두는 것뿐만 아니라 다시 사용하는 기술까지 논의되고 있다. 그렇다면 탄소포집저장기술로 정말 이산화탄소가 잡힐까?

우선 이산화탄소의 기본적인 속성이 탄소포집저장기술의 실효성에 대해 의문을 품게 한다. 이산화탄소는 공기 중에만 있지 않다. 전문가들에 따르면 이산화탄소는 강이나 바다에도 배출량의

약 25%가 녹아있다고 한다. 공기 중에 있는 이산화탄소를 잡는다는 그림은 좋으나 실제로는 이산화탄소는 여기저기 녹아들어 있어 말처럼 쉽지가 않다. 또한 경제성 문제이다. 이산화탄소는 에너지원으로서 활용도가 상대적으로 낮다.

포집능력과 경제성의 문제뿐만이 아니다. 탄소포집저장 설비 운용 과정에서도 이산화탄소가 발생한다. 탄소포집저장기술을 사용했지만 실제로는 이산화탄소 배출을 급감시키지 못했다는 보고서도 있다. 한편 안전의 문제도 있다. 이산화탄소를 보관하려면 지층속의 거대한 저장 시설이 필요하다. 이산화탄소가 누출되거나 폭발이 일어나 인명이 다치는 일도 발생할 수 있다. 가장 중요한 것은 탄소포집저장 기술의 발전 속도가 상당히 늦다는 점이다. 탄소를 포집하고 활용하고 저장하는 (CCUS)기술은 재생에너지보다 시간과 연구가 훨씬 더 어려운 불확실한 기술이라는 것이 전문가들의 견해다. 결론적으로 탄소포집저장기술로 탄소를 제로화하는 것은 현재 기술로는 불가능하다. 탄소포집저장기술은 환경주의자들로부터도 공격을 받고 있다. 탄소포집저장기술이 화석연료 사용의 빌미가 될 수 있다는 것이다. 기술이 불확실하다 보니 여러 논란에 휩싸이고 있다.

한편, 재생에너지는 탈탄소에 극적인 도움을 주고 있을까? 가스값, 신재생에너지에 대한 비용이 오르면서 한국만 해도 2017년부터 2021년까지 원자력 발전량이 6.5% 상승했다는 언론보도도 있었다. 그렇다면 다른 에너지원들은 어땠을까? 한국의 2020년 대비 2021년 에너지원별 발전량 증감률을 보면 원전은 1.4% 줄었지만 LNG는 15.3%가 증가했고, 심지어 석탄도 0.1% 발전량이 증가했다고 한다. 역설적이다.

세계적으로도 친환경으로 오히려 천연가스와 석탄의 가격이 급등하고 있다. 풍력이나 태양광은 조달의 안정성이 많이 떨어진다. 물론 재생에너지로부터 전력이 많이 생산될 때 이 전력을 모아둘 수 있는 배터리 기술이 발전되어 있다면 굳이 에너지원의 불확실성에 에너지 가격이 춤을 출리 없다. 아직 발전단계에 있는 전기 저장 기술에도 불구하고, 탈탄소에 대한 과욕이 오히려 화석연료의 사용을 가속화시켰다. 친환경을 내세우며 EU에서는 천연가스를 화석연료와 신재생에너지 사이에서 대체재로 자리매김하려 했다. 그러자 천연가스 가격이 급등하였고, 결국 유럽은 다시 석탄 발전 시설을 가동하고 전기요금을 인상하였다. 재생에너지의 변동성을 극복해줄 수 있는 것은 전기저장장치<sub>ESS</sub>의 발전이다. 역시 기술의 문제이다. 인위적으로 풍력이나 태양광을 조절할 수 없으니, 발생한 에너지원을 안정적으로 저장, 사용하는 방법이 개발되어야 된다.

그래서 화석연료에서 신재생에너지로 전환하는 과도기가 필요하다는 것이다. K-택소노미에서도 녹색부문과 전환부문으로 나누어 '전환부문'에서는 일부 화석연료를 포함하나 탄소중립으로 가는 과정에서 과도기적으로 필요한 경제활동들을 한시적으로 녹색분류체계에 포함하고 있다.

다음과 같이 5가지 활동기준은 전환에 필요한 과도기로 보아 2025년 혹은 2030년까지 녹색경제활동으로 분류하고 있다.

첫째, 중소기업 사업장에서 연료전환, 에너지 절감, 자원효율 개선 등 온실가스를 감축하기 위해 관련 설비를 구축·운영하는 활동, 둘째 전력, 열 중 하나 이상을 생산, 공급하기 위하여 액화천연가스LNG; Liquefied Natural Gas 또는 혼합가스를 이용하여 발전설비, 열병합 발전설비, 열 생산설비를 구축·운영하는 활동, 셋째, 액화천연가스(LNG) 기반으로 수소를 생산하기 위한 설비를 구축·운영하는 활동, 넷째, 친환경 선박의 건조 및 이에 필요한 설비를 구축·운영하는 활동, 다섯째, 여객 또는 화물의 수상 운송을 위해 친환경 선박을 도입하거나 친환경 선박으로 개조 또는 관련 선박의 유지관리 시설을 구축·운영하는 활동들이다.

EU 택소노미에는 원전이 녹색기술로 포함되었으나, 한국에서는 녹색기술로 포함되지 않은 것에 대해 많은 사회적 논의가 이루어지고 있다. 세계적으로 탈원전인가, 감원전減原電인가 등에 대해 정책적 변화도 있을 것으로 예상되고 있다.

이렇게 기존의 화석연료와 재생에너지, 원전 등에 대해 인류가 홍역을 앓는 동안 다시 한 번 돈의 문제가 제기된다. 여기서 돈은 환경기술이 개발되는데 들어가는 투입비용이 아니고, 에너지 전환에서 발생하는 화석연료 산업 종사자의 생계에 관한 비용이다. 전통적인 화석연료 산업 종사자들 혹은 에너지 전환 과정에서 직업이나 산업전환이 제대로 이루어지지 않아 경제적 어려움에 처할 근로자들을 위해 '공정전환' 혹은 '정의로운 전환'이 이루어져야 한다. 전 세계 선진국들은 탈탄소의 과속으로 인해 E문제가 새로운 S문제를 만들지 않도록 모두 공정전환 예산을 배정하고 있다.

K-택소노미는 그린워싱을 방지하고, 녹색금융을 활성화하며, 투자자를 보호하고, 환경정보를 투명하게 하며, 환경기술의 발전을 도모하는 훌륭한 지침이다. 그러나 기업 혹은 근로자는 아직 상용화되지 않은 기술이나 불안정한 재생에너지로 인해 예기치 않은 경제적 위험에 빠져서는 안 된다. K-택소노미의 세이프가드도 E를 보호하려다 S가 망가지지 않도록 하기 위함이다. 특히 중소·중견기업들과 근로자들은 탄소 중립의 허구와 과속에 피해를 보는 일이 없도록 국가와 대기업이 적극 나서야 한다. ESG 전문가들도 한국의 실정에 맞는 '불편한 진실'을 기꺼이 알려야 한다. 탄소 중립은 이념이 아니라 과학이기 때문이다.

ESG는 한마디로 말하면 '우등생'들에게 '모범생'도 되라는 투자자의 주문이다. 우등생은 재무성과가 좋은 기업들을 말한다. 모범생은 누구일까? 우리는 모범생을 종종 '착한 학생'으로 생각한다. ESG를 잘하는 기업도 '착한 기업'으로 표현한다. 그런데 학창 시절로 돌아가 보자.

모범생은 결코 착한 학생만을 뜻하는 것이 아니었다. 모범생은 자기관리를 잘하고, 배려심이 깊으며, 리더십도 갖추어 학교의 자랑이 되는 학생을 말했다. 그리고 모범생은 늘 우등생 중에서 나왔다. ESG를 잘하는 기업도 사회적 책임을 다하고, 지속가능발전을 지향하며, 이해관계자들로부터 존경받는 기업을 말한다. 물론 회사의 재무성과는 늘 탄탄해야 한다.

미국 법에서는 우리가 흔히 말하는 회사, 즉 영리 추구가 우선이고, 기존의 '주주 제일주의'에 기반한 전통적인 회사를 'C 기업C Corporation'이라고 한다. 이에 반해 '이해관계자 자본주의'에 기반해 ESG를 중요시하는 기업은 '베네핏 기업Benefit Corporation' 혹은 '비콥B Corporation'이라고 부른다. 비콥은 지구환경을 중요하게 생각하고 직원, 고객, 주주 등을 모두 존중하는 기업이다. 하지만 비콥이라고 해서 결코 기업의 수익을 포기하거나 손실을 감수하지는 않는다. 우등생이면서 모범생인 기업이 딱 비콥이다. 미국은 비콥에 관한 법을 아예 제정하여 국가적으로 권고하고 있다. 현재 약 40여개 주가 '베네핏 기업 모델법Model Benefit Corporation Legislation'을 기초로 베네핏 기업법을 시행하고 있고, 약 1만개의 비콥이 설립되었다.

그렇다면 미국은 왜 비콥을 특별히 법으로 규정해 놓은 것일까? 법률상 비콥이라고 하여 특별히 정부로부터 지원금이나 보조금을 지급받지도 않고, 국가도 기업을 감독하거나 관리하지도 않는다. 오히려 비콥은 자사의 '공익성과 보고서'를 주주에게 제공하고 웹사이트에서 공개해야 하는 부담만 있다. 하지만 비콥은 아주 큰 강점을 법률상 보장받는다. 비콥은 '공익 목적public benefit을 회사의 목적으로 명기해야 한다. 그리고 경영진이 회사의 공익 목적 달성을 위한 의사결정을 하면 그 의사결정은 최선의 경영 활동으로 인정받는다. 비콥의 경영진은 배임의 부담 없이 회사의 공익 목적을 추진할 수 있다. 물론, 비콥법에서도 경영진은 '기업의 장·단기적 이익을 반드시 고려해서 경영하라고 규정되어 있다. 모범생이 되려고, 공부를 소홀히 해서는 안 된다는 뜻이다. 한국도 베네핏 기업법을 하루빨리 도입하여 공익 목적을 적극적으로 고려하는 영리 법인을 독려해야 한다.

비콥이 되기 위하여 반드시 법률상 베네핏 기업이 될 필요는 없다. '비콥 인증제도'가 있다. 비영리기관인 비랩B Lab이 '비임팩트평가B Impact Assessment'를 통해 비콥을 선정하고 이를 인증해주는 제도이다. 2022년 1월 현재 74개국 150개의 산업에서 4,000개가 넘는 기업이 비콥에 참여하고 있다. 우리가 잘 알고 있는 파타고니아, 탐스, 더 바디숍, 벤앤제리스 등이 모두 비콥 인증을 받은 회사이다. 우리나라에도 비랩 코리아가 있고, 사회적 혁신 컨설팅 회사인 '엠와이소셜컴퍼니MYSC'를 비롯하여 17개의 비콥도 있다. 비콥으로 인증받는 과정이 쉽지는 않지만, 비콥이 되면 ESG 모범기업이자 건전한 재무성과를 가진 회사로 인정받아 기업 가치도 증대되고, 인재 유치도 쉬워지며, 글로벌 확장성이 매우 높아진다. 무엇보다도 '그린워싱'의 의심을 깨끗하게 불식시킬 수 있다.

세일즈포스Salesforce 창립자 마크 베니호프Marc Benihoff는 '선한 일을 행하는 것과 돈을 버는 것 사이에서 선택할 필요가 없다'라고 말했다. 만약 지금 창업을 한다면, 고통스럽더라도 애초부터 비콥을 목표로 비즈니스 모델을 만들길 권한다. 기존 회사들, 특히 중견기업, 강소기업들도 비콥으로 변신을 추천한다. 베네핏 코퍼레이션이 되는 것이 ESG도 실현하고 기업의 수익도 높이는 정도正道이다.

# 중소·중견기업 ESG 자가진단표

본서에서 살펴본 K–ESG 가이드라인을 반영하여 중소·중견기업이 간략하게 자가진단을 할 수 있도록 '자가진단표'를 제시한다.

동일 업종, 유사 규모의 회사에 비해 '강'하게 실행하고 있다면 '상', '평균적'으로 실행하고 있다면 '중', 동일 업종, 유사 규모 회사보다 '부족'하게 실행하고 있다면 '하'로 답변하면 된다. 각 총계에 상은 2점, 중은 1점, 하는 0점으로 계산하여 입력하면 된다.

그 결과, 총점이 100점에서 75점의 범위라면 귀사는 ESG 경영을 충실히 하는 것이고, 74점에서 50점의 범위라면 귀사는 ESG 경영에 장기적으로 대비할 필요가 있는 것이며, 50점 이하이라면 귀사는 점수가 낮은 항목을 중심으로 ESG 경영을 즉각 실행해야 한다.

다만, 본 자가진단표는 귀사의 ESG 경영을 간략하게 점검하고 방향을 설정하는데 목표를 둔 '간이진단표'임을 밝혀둔다.

E_____점 + S _____점 + G _____점 + 10점 = 총점_____점

## 환경(10개 항목)

| 항목 | 점수 | | |
|---|---|---|---|
| | 상 | 중 | 하 |
| 귀사는 환경경영에 관심을 가지고 있습니까? | | | |
| 귀사는 환경관리 담당 부서가 있습니까? | | | |
| 귀사는 환경목표가 있습니까? | | | |
| 귀사는 환경목표를 달성하기 위한 세부 추진계획을 세웁니까? | | | |
| 귀사는 매년 원단위로 에너지를 점차 줄이고 있습니까? | | | |
| 귀사는 재생에너지 비중을 점차 높여가고 있습니까? | | | |
| 귀사는 환경 재난 비상시에 위기 대응 매뉴얼이 있습니까? | | | |
| 귀사는 환경경영의 성과를 대표이사에게 보고합니까? | | | |
| 귀사는 환경경영 정보를 일반에게 공개하고 있습니까? | | | |
| 귀사는 정부의 환경 법규를 잘 준수하고 있습니까? | | | |
| **점수 총계** | | | |

## 사회(22개 항목)

| 항목 | 점수 | | |
|---|---|---|---|
| | 상 | 중 | 하 |
| 귀사는 협력사 선정을 투명하게 하고 있습니까? | | | |
| 귀사는 협력사와 안정적인 협력관계를 구축하고 있습니까? | | | |
| 귀사는 협력사와 공정하게 거래를 하고 있습니까? | | | |
| 귀사는 협력사의 발전과 육성에 기여하고 있습니까? | | | |
| 귀사는 협력사의 지적 재산권을 보호하거나 지원합니까? | | | |
| 귀사는 소비자의 안전과 권리를 위하여 제품 안전에 대한 별도의 조치를 취하고 있습니까? | | | |
| 귀사는 고객의 개인정보보호를 위해 별도의 조치를 하고 있습니까? | | | |
| 귀사는 유통채널을 다원화하고 확장하고 있습니까? | | | |
| 귀사는 직원의 채용, 배치, 근무 등에서 차별이 없도록 별도의 조치를 규정하고 정기적으로 교육을 시행합니까? | | | |

| 항목 | 점수 | | |
|---|---|---|---|
| | 상 | 중 | 하 |
| 귀사는 직원을 위한 고충처리 담당 부서가 있습니까? | | | |
| 귀사는 직장의 안전과 보건을 위해 별도의 조치를 규정하고 정기적으로 교육을 시행합니까? | | | |
| 귀사는 직원들의 법정 근무시간을 준수하고 있습니까? | | | |
| 귀사의 산업재해율은 매년 감소하고 있습니까? | | | |
| 귀사는 안전관리담당자가 겸직없이 별도로 있습니까? | | | |
| 귀사는 도급업체 관리지를 통해 히도급 직원들의 안전보건관리를 귀사와 동등한 수준으로 시행하고 있습니까? | | | |
| 귀사는 임직원의 개인 정보 보호를 위해 별도의 조치를 규정하고 정기적으로 교육을 시행합니까? | | | |
| 귀사는 직원들의 복지를 향상시키고 있습니까? | | | |
| 귀사는 직원들의 자기 계발을 위한 교육프로그램이 있습니까? | | | |
| 귀사는 공정한 보상과 승진을 보장하고 있습니까? | | | |
| 귀사는 직원들의 자발적인 사회봉사를 독려합니까? | | | |
| 귀사는 세금을 모범적으로 납부하고 있습니까? | | | |
| 귀사는 귀사 본점이 있는 지역사회를 위해 경제적 기여를 하고 있습니까? | | | |
| **점수 총계** | | | |

## 지배구조(13개 항목)

| 항목 | 점수 | | |
|---|---|---|---|
| | 상 | 중 | 하 |
| 귀사는 회사 소개 홈페이지가 상세하게 되어있습니까? | | | |
| 귀사는 기업의 목적이나 강령에 기업의 수익과 사회적 이익을 모두 달성할 것을 명시하였습니까? | | | |
| 귀사는 경영진 회의에서 공평하고 공정하게 논의합니까? | | | |
| 귀사는 사외이사 및 감사와 대표이사의 관계가 독립적입니까? | | | |
| 귀사는 IR 등을 통해 주주와 소통을 자주 합니까? | | | |
| 귀사는 투자자를 위해 신성장동력을 계속 개발합니까? | | | |

| 항목 | 점수 | | |
|---|---|---|---|
| | 상 | 중 | 하 |
| 귀사는 경영진의 주요 회의록을 작성 및 보관합니까? | | | |
| 귀사는 윤리강령이 있고 강령대로 실행합니까? | | | |
| 귀사는 유무형의 자산을 취득할 때 정확한 보상을 합니까? | | | |
| 귀사는 대표이사가 투명하게 회사 비용을 집행합니까? | | | |
| 귀사는 대표이사와 직원들간에 정기적인 간담회가 있습니까? | | | |
| 귀사는 ESG에 대해 주기적으로 경영진 보고회를 가집니까? | | | |
| 귀사는 ESG에 관해 임직원을 대상으로 정기적인 교육을 시행합니까? | | | |
| **점수 총계** | | | |

# 2022 ESG
정책 트렌드

# 01
# 새정부 정책 트렌드

## 1_ 윤석열 정부 출범

　문재인 대통령은 2021년 3월 31일 상공의 날 기념식에서 2021년을 'ESG 경영 확산의 원년'으로 삼겠다고 발표했다. 2021년 8월 정부는 'ESG 인프라 확충 방안'을 발표하였다. 이제 새정부가 들어섰다. 물론 새정부가 출범한 이후 정책의 조정은 당연히 있을 것이고, 공약대로 모두 실현되지 않을 수도 있다. 그러나 ESG는 대한민국 혼자만의 이슈도 아니고 국제적 협력과 압박, 글로벌 정책 기조 등의 영향을 받는 것이므로 ESG 정책은 불가역적인 흐름이 있다. 기업에게 ESG는 이미 강력하게 자리 잡은 경영 화두이고, 이해관계자들도 구체적으로 실천을 요구하는 경영요소가 되었다.

그렇다면, 새정부의 ESG 정책 트렌드는 어떨까? 필자가 정책 방향이란 말 대신 '정책 트렌드'라는 단어를 쓴 이유는 이 책이 대통령 인수위 기간과 정부 부처 업무 인수인계 기간이 끝나기 전에 완성되는 책이라 그렇다. 새정부의 정책 방향이 공식적으로 발표되었다면 그러한 내용을 담았겠으나 현재까지는 국민의힘(이하 '여당')의 공약과 언론기사, 전문가들의 보고서 등에 의존할 수밖에 없겠기에 정책 트렌드 즉, 정책의 흐름이라고 칭한 부분은 독자들의 양해를 구한다. 본서에서 중소·중견기업이 알아두어야 할 항목은 필자가 주관적으로 선정하였음을 밝힌다.


## 2_ESG 정책에 대한 20대 대선 주요 공약

### ● ESG 정책 개요
여당은 별도로 ESG 공약을 분류하여 발표하지는 않았다. 산발적으로 발표한 여당의 ESG 정책을 정리한 바를 인용하면 오른쪽 표와 같다.

### ● 중소기업 ESG 지원
새정부에서는 중소기업에 대한 ESG 경영 지원이 강화될 전망

| 구분 | 정책 |
|---|---|
| E | • 탈원전 백지화, 신한울 3,4호기 건설 재개<br>• 원전 비율 30%대 유지<br>• K-택소노미에 원전 추가<br>• 탄소저감 기술 개발과 시설 도입에 대한 지원과 세액 공제 확대<br>• 탄소 무역장벽에 우리 기업의 피해가 없도록 하고 녹색 기술 실현을 지원<br>• 시장 중심의 녹색 금융 생태계 구성<br>• 녹색 기술 기반 스타트업 활성화<br>• 녹색 창업 기술 및 투자금 지원 강화<br>• 미세먼지 감축 계획 및 실천 의무화 |
| S | • 노사합의시 연장근로 및 탄력 근로 단위 기간을 월 단위 이상으로 확대<br>• 중견기업 R&D 세액 공제 25%로 확대<br>• 가업 승계 제도 요건 완화<br>• 원자재 가격 인상시 납품 대금 조정<br>• 대·중소기업 복지 공유<br>• 플랫폼에 대한 섣부른 규제 도입 지양, 자율 규제를 통한 상생 촉진<br>• 여성가족부 폐지<br>• 노조의 고용 세습을 차단<br>• 육아 휴직 확대<br>• 노동시간 단축 청구권 보장 등 일하는 부모 지원 |
| G | • 분할 상장 시 투자자 보호 강화<br>• 내부자 무제한 지분 매도 제한<br>• 공매도 제도 개선<br>• 증권거래세 완전 폐지<br>• 회계, 공시의 투명성 제고<br>• 증권 범죄 제재의 실효성 강화 |

자료 : 법무법인 태평양(한경비지니스, 1370호 인용)

이다. 여당 공약집에 따르면 ESG 확대가 뉴노멀인 상황에도 중소·벤처기업의 대응역량은 부족한 상황이고, 정부의 2050 탄소 중립 선언은 기업의 부담 가중과 경영 압박으로 작용하였다고 되어있다. 제조업 중심 산업구조인 우리나라는 탄소중립으로 중소 기업의 비용 부담 확대 등 경영 위기로 이어질 가능성이 높아 생존차원의 맞춤형 대책 마련이 시급하다는 것이다. 이러한 문제를 해결하기 위하여 공약집에서는 다음의 두 가지를 약속하였다.

---

▶ 중소·벤처기업의 ESG 역량 강화 및 적용 확대를 위한 대응시스템 구축
- 민관 합동 컨트롤타워 설치, 로드맵 마련, 부처별 정책 효율적 추진
- ESG 평가지표의 표준화 추진
- ESG 지표를 활용해 기업 현황 평가, 금융 및 세제지원, 경영 및 법률 컨설팅 등 맞춤형 지원 강화

▶ 대기업이 협력 중소·벤처기업 등에 ESG 경영역량과 기술협력 촉진
- ESG 관련 다양한 대·중소·벤처기업 공동사업 프로그램 마련 및 추진

**"중소기업을 지원하는 연구개발 투자를 비롯해 ESG**환경·사회·지배구조 **경영, 탄소 중립 역량 강화를 위한 세제, 금융, 컨설팅과 기술지원도 확대하겠다."**

(2022.2.14. 국민의힘 윤석열 대선후보 중소기업 정책비전 발표회)

---

위와 같은 정책 기조에 따라 대기업이 활발하게 펼쳤던 ESG 경영이 중소·중견·벤처기업으로 확대될 것이다. 우선 민관합동위원회 등이 설치될 수 있고, 표준 평가지표가 만들어져 활용될 수 있겠다.

일반적으로 평가지표란 평가등급과는 다르다. 평가지표란 기업이 현재 어떤 위치에 있고, 어떤 위치까지 가야하며 그 사이의 격

차는 얼마나 벌어져 있는지를 확인하기 위한 절대평가이다. 평가 등급은 말 그대로 ESG 경영이 몇 점이고 업계 몇 등인지를 상대 평가하는 것이다.

여기서 평가지표를 어떻게 활용할 것인가가 중요하다. 공약에 따르면 'ESG 지표를 활용해 기업 현황 평가, 금융 및 세제지원, 경영 및 법률 컨설팅 등 맞춤형 지원을 강화'하겠다고 되어 있다. 우선 평가지표가 정교해야 한다. 지금도 일부 금융기관들은 ESG 평가를 하는 것으로 알려져 있는데 정밀하게 측정하고 있지 않다는 얘기들이 있다. 금융기관이나 공공기관의 평가지표부터 정교하게 다듬어져야 한다.

더 중요한 허들이 있다. 국가가 평가지표를 활용해 기업을 평가하려면 기업은 있는 그대로의 정보를 공개해야 한다. 그런데 중소·중견기업이 ESG 정보를 금융기관이나 국세청 등에 모두 공개하는 것은 쉽지 않다. 기업이 탄소 배출을 얼마나 줄였고, 앞으로도 얼마나 줄일지는 빙산의 일각에 불과하다. ESG 정보는 말 그대로 환경경영, 사회적 가치 활동, 지배구조 전반이다.

중소기업은 대기업과 달리 재무성과는 공개 가능하나, 민감한 비재무성과는 오히려 공개가 어려울 수 있다. 따라서 정부는 중소·중견기업을 지원한다는 취지라 하더라도 중소·중견기업의 정보 보호를 보장하고, ESG 경영 지원 외의 목적에는 사용되지 않으며, 평가지표 역시 최대한 객관성을 확보하도록 해야 할 것이다. 아울러 중소·중견기업의 ESG 인센티브금융·세제 지원가 강력하여야 본 제도의 취지가 살 수 있을 것이다. 중소·중견기업 경영진은 정부의 ESG 경영 지원 제도가 어떤 것들이 있는지 상시로 파악하여 최대한 활용하는 것이 중요하다.

본 공약은 더불어민주당(이하 '야당')에서도 다음과 같이 기업의 ESG 경영 강화를 약속한 바 있으므로 여야 공통으로 강화될 전망이다.

---

▶ 중소기업 전 분야 탄소중립 등을 위한 ESG 맞춤형 지원 확대
− ESG 대응력 향상을 위하여 준비 → 진단 → 이행의 단계별 지원체계 마련

▶ 기업의 ESG 활동에 따른 인센티브 부여
− 지속가능금융 활성화를 위한 법적 근거 마련 및 신성장동력 육성
− 탄소배출 저감 기업 자금조달 지원

▶ ESG 공시, 측정 및 평가 인프라 제고
− 상장기업의 ESG 공시 내실화를 통한 투자판단에 필요한 정보 제공
− 객관적인 ESG 평가체계 구축 및 무늬만 ESG 규율 강화

▶ ESG 생태계 구축 지원
− 공적 연기금의 ESG 투자 활동 강화
− ESG 활동을 뒷받침할 수 있는 다양한 스타트업 육성

▶ 정책금융기관의 대출 및 투자 시 대상 기업의 ESG를 고려한 평가를 통해 기업의 지속가능한 성장을 지원

---

## ● 산업 전환과정에서 중·장년 일자리 보호

여당은 4차 산업혁명, 코로나19 위기, 탄소중립정책 등으로 인해 산업 전반에 걸쳐 디지털·녹색 대전환이 급격하게 진행되고 있는 것이 현재의 상황이라고 진단하였다.

중장년 근로자들이 이런 시대 변화에 적절히 적응하지 못할 경우 사회적으로 극심한 대립과 갈등이 벌어질 우려가 있고, 기존 인력을 재교육하고 재배치해야 할 필요성이 갈수록 커지고 있으며, 협력사와 종업원들에 대한 대비도 시급하다고 하였다.

이에 대한 정책은 산업 전환에 앞서 기존 인력과 협력업체 종업원의 고용에 미치는 사전 평가를 실시하고, 기업-근로자-지역이 연계해 노동 전환 종합지원계획을 수립하는 시스템을 구축하겠다고 약속했다. 다음으로 산업별·지역별로 근로자들에게 맞춤형 교육훈련을 제공하고, 인력 재배치 작업이 원활히 이루어지도록 지원, 전직, 재취업지원 서비스를 강화하겠다고도 했다. 본 공약은 야당에서도 유사한 내용으로 다음과 같이 약속한 바 있다.

---

▶ 기업전환, 노동전환, 지역전환을 아우르는 일자리전환 정책체계 구축
– 일자리정책을 정합성 있고 체계적으로 추진하기 위해 일자리전환기본법 제정
– 경제·사회정책 전반을 일자리 중심으로 개편하는 일자리전환기본전략 수립
– 일자리 분석, 맞춤형 훈련·상담, 일자리 이동을 연계하는 일자리전환 플랫폼 구축

▶ 공정하고 정의로운 노동전환 이행 및 지원체계 구축

– '정의로운 노동전환' 컨트롤타워를 구축하고, 사회적 대화를 통한 '정의로운 노동전환 로드맵' 마련

– 중앙 및 지역에 '정의로운 노동 전환 지원센터' 네트워크 구축 및 특별지구 지원 실질화

– 전환대상 기업 노동자 및 취약계층에게 충분한 사회안전망 제공 위한 정의로운 노동전환을 위한 기후대응기금 실질적 지원

▶ 누구도 소외되지 않는 '정의로운 일자리전환 체계' 구축

– 노사 거버넌스 구축을 통한 노사 주도 훈련 지원 등 노동전환 이행력 담보

– 장기유급휴가훈련과 노동전환지원금 확대하고 노동전환지원법 제정

– 규제 특례와 사업전환지원금 확대를 통한 기업의 사업전환 지원

– 선제적으로 고용·산업위기지역 지정해 지역경제 회복과 산업전환 지원

---

근로자에게 좋은 일자리, 양질의 일자리는 ESG에서 무척 중요한 덕목이다. 그런데 아이러니하게도 ESG, 특히 환경보전을 위하여 각종 친환경기술이 도입되고 좌초자산이 나오면서 예기치 않게 근로자들이 실직을 하거나 수입이 급감할 수도 있다.

EU 택소노미에 따르면, 환경목표를 달성하는 것도 중요하지만, 사회 및 거버넌스에 대한 최소한의 안전장치도 준수해야 한다고 되어있다. 즉, E를 위해 S나 G가 희생되거나 훼손되어선 안 된다는 의미이다. 정부는 기업의 ESG를 돕는 것도 중요하지만, 그 과정에서 근로자 개개인의 생계가 위태로워지지 않도록 해야 한다.

특히 지역이나 지자체와 함께 협력업체 종업원의 노동전환에 대한 지원을 강화해야 한다. 중소·중견기업 경영진은 현재 고용 중인 근로자와 원활한 산업전환을 위해 필요시 노동전환에 대한 국가와 대기업의 지원을 잘 활용할 필요가 있다.

## ● 공정사회 구현을 위한 채용 비리 근절

MZ세대는 공정세대라고 불릴 만큼 공정한 기회 보장에 무척 민감하며 불공평한 기회 박탈에 대해서는 SNS 등을 통해 강하게 문제를 제기한다. 한국에서 MZ세대에게 공정성이 문제되는 것은 세 가지이다. '대입, 병역, 취업'이다. 특히 이 가운데 취업은 지금 같은 취직난에서 상당히 중요한 이슈이다. 구직자에게는 '취업'이지만, 구인기업에게는 '채용'이므로 채용에 관한 새정부의 정책을 눈여겨보아야 한다. 중소·중견기업은 그간 인력 채용시 자칫 부주의할 수 있었던 내용들이 향후 큰 문제가 될 수 있기 때문에 이를 적극적으로 대응해야 한다.

공약집에 따르면 공정한 채용 기회를 보장하기 위하여 '공정채용법'을 제정하겠다고 되어있다. 현재 절차적 공정성만 규정한 '채용절차의 공정화에 관한 법률'을 공정한 채용 내용까지 포괄하는 '공정채용법'으로 확대개편하겠다고 한다. 세부적으로는 단체협약 내 정년퇴직자, 장기근속자 자녀 우선 채용 등 불공정채용 관런 조항은 무효화하고, 친인척 고용 승계나 전·현직 임직원 자녀 특혜 채용 적발시, 관련자 입사를 원천적으로 무효화하겠다고 한 다. 또한, 국민권익위원회에 '채용비리통합신고센터'를 설치하여 상시 단속, 점검 강화, 직권 조사 및 수사기관 고발, 신고자에 대한 포상제도를 운영하겠다고 되어 있다.

MZ세대의 공정의식은 더욱 강화될 것이고, 그에 따른 여론 형 성이나 기업평판 결정도 함께 강화될 것이다. 중소·중견기업 경 영진은 채용 절차를 재정비하고, 구직자에 대한 철저한 스크리닝 과 증빙자료 구비, 감사팀의 사전 감사제도를 도입하여 일체 특혜 채용의 소지가 없도록 하는 것이 중요하다.

### ● 기술 탈취 피해 구제

대기업과 중소·중견기업의 상생 협력을 통한 동반성장은 ESG 중 기업 경영의 키라고도 할 수 있다. 여당은 공약집에서 '중소기 업은 기술 탈취를 사전에 방지하거나 적절한 구제를 받는데 상당 한 어려움을 겪고 있는 실정'이라고 현황을 정리하였다. 중소·중 견기업의 기술 탈취는 안철수 전 후보가 벤처창업가로서 상당히 강조하였고, 강하게 확대될 전망이다. 이에 대한 약속으로는 여당 은 '중소기업 기술 탈취 예방 및 피해 구제를 위한 공정거래 시스 템을 구축하겠다'라고 하며 '사전 예방 수단, 엄정한 법 집행 체계,

기술 탈취 구제 수단의 효율적 운영 방안 추진'을 약속하였다. 최근 공정위는 이미 하도급 분야 '기술유용행위 익명제보센터'를 개설하여 운영하고 있다. 중소·중견기업 경영진은 타사의 기술을 침해하거나 탈취하는 경우가 없도록 적극적인 사전 스크리닝을 실시하고, 만약 자사의 기술이 원청기업에 의해 탈취되거나 침해될 경우에는 향후 강화될 '기술 탈취 구제 제도'를 모니터링 하여 활용하길 권고한다.

> "하청업체에 대해 지나치게 상세한 원가 자료나 기술 자료를 요구하는 행위를 근절하겠다. 이러한 공정거래 질서의 확립을 통해 기업의 성장 사다리를 더욱 확대하겠다. 중소기업을 지원하는 연구개발 투자를 확대하겠다."
>
> (2022.2.14. 국민의힘 윤석열 대선후보 중소기업 정책비전 발표회)

> "원청업체가 우월적 지위로 하청업체에 지나치게 상세한 원가 자료나 기술 자료를 요구하는 행위는 엄중한 손해배상 책임을 묻는 사안임을 감안, 공정거래 관행이 정착될 수 있도록 대통령으로서 직접 챙기겠다."
>
> (2022.2.15. 국민의힘 윤석열 대선후보 중소기업 정책비전 발표회)

# 3_ 새정부 정책 제언

## ● 경제안보위원회 신설

새정부는 안보가 외교와 국방을 넘어 이제는 경제에 밀접하게 관련되어 있음을 인식하고 '경제안보위원회'를 신설하길 제언한다. '공급망 위기관리법' 등을 제정하고, 일본의 소부장사태, 중국의 요소수사태 등이 재발되지 않도록 정책적으로 관리해야 한다. 국제 원자재 공급사태, 그린플레이션, 전쟁과 기후재난, 감염병, 사이버테러 등으로 인한 경제 위기를 전담·대응하는 민관합동위원회를 신설해야 한다. 공급망 위기와 통상 분쟁, 사이버 테러 등은 모두 중소·중견기업에게 심각한 타격을 주기 때문이다.

## ● ESG 평가 인프라 공동 구축

새정부가 중소기업의 ESG에 대한 인센티브를 추진한다면 금융권의 정교한 평가 기준과 DB화가 시급하다. 금융당국과 금융기관이 공동으로 정확한 평가기준을 만들어서 신용등급과 같은 'ESG 등급 데이터베이스'를 구축해야 한다.

다만, 본 ESG 등급은 반드시 포지티브 베이스, 즉 ESG 경영을 잘하는 기업에게 인센티브로만 사용해야 한다.

## ● ESG 시장 기능 재건

필자는 ESG가 일부 이념화된 부분이 있다고 생각한다. 원전을 둘러싼 논쟁이 대표적이다. 새정부는 ESG가 자본주의의 연장선임을 인식하고, 탄소배출권 시장 활성화, 국민연금의 역할 재정립, 전력 거래 시장의 개선 등 시장 원리에 입각하여 ESG를 연착륙시켜야 한다. 지금 중소·중견기업에게 ESG는 자유경쟁 속에서 생존을 위한 숙제이자 기회이기 때문이다.

# 02
# 2022 ESG 제도

## 1_ 개요

2020년이 ESG가 무언지 알게 되는 한 해였고, 2021년이 ESG를 자발적으로 실천한 해였다면, 2022년은 정부의 개입으로 ESG가 법과 제도로 다양하게 전개될 해일 것이다.

그간에도 ESG에 관한 법, 즉 환경, 사회, 지배구조에 관한 법률은 차고 넘쳤다. ESG는 통합될 때 의미가 있다. 즉, 한 기업에서 ESG가 실행된다고 하면 ESG를 따로 따로 부서별로 하는 것은 당연하지만 결국 ESG는 회사 내에서 통합되어 움직여야 한다. ESG도 마찬가지이다. 개별법들이 조각을 이루고 있지만, 기업은 각자의 상황에 맞게 큰 퍼즐과 작은 퍼즐로 나누어 결국 빠지지도, 넘치지도 않게 ESG 그림을 완성해야 한다.

ESG가 확산되던 2021년에는 우선 대기업과 금융기관들을 중심으로 ESG가 확산되기 시작하였다. 이때 고민은 기업의 규모에 따른 ESG 경영은 아니었다. ESG라는 낯선 경영요소를 받아들일 수 있는 기업은 대기업과 대형 금융기관들밖에 없었기 때문이다. 기업의 규모보다는 업종에 따른 실천 방안이 당시에는 고민이었다. 예를 들어, 중후장대 제조업들은 어떻게 친환경기술을 구현할 것인가에 고심했다면, 플랫폼 유통기업이나 대형 IT 기업들은 어떻게 사회적 책임을 실행하고, 기업문화를 자리 잡을 것인가 하는데 집중하였다. 공기업은 이미 ESG를 위해 탄생한 기업이라 더 어떻게 ESG를 해야 할 것인가에 고심한 반면, 일부 대기업들은 기업행태와 대주주 지분율의 분배에 대해 고민하였다. 이렇게 업종과 관심사항이 달랐지만, 그래도 대기업과 금융기관들이었기에 ESG를 수용하고 변환시킬 능력이 충분히 되었다.

2021년 중반에 ESG에는 큰 흐름이 나타났다. 정부가 본격적으로 ESG 경영에 관심을 보이며 관여하기 시작하였다. 2021년 1월 '녹색금융 활성화계획'이 발표되었고, 3월 문재인 대통령이 'ESG 경영의 원년'을 선포하였다. 이어 8월 범정부 차원의 'ESG 인프라 확충 방안'이 선포되었다. 이런 맥락 속에서 각종 ESG 입법이 이루어지고, 2021년 말에는 K-ESG 가이드라인과 K-택소노미가 발표되기에 이르렀다. 그러면서 정부는 2022년에는 규모와 업종별로 가이드라인을 추가로 낼 것이라고 발표했다. ESG에 관한 정부의 관여는 지난해 초부터 드라이브가 걸렸다.

ESG는 지금도 많은 논란이 있다. ESG가 정말 기업에게 수익으로 돌아오는가? 투자자들만 배불려주는 것 아닌가? 한때의 '경영유행fasion management'이 아닌가? E는 몰라도 S와 G가 딱 무 자르듯 정답이 있는 것인가? 대주주와 전문경영인의 분리가 늘 옳은가? 오너 경영체제는 늘 틀린가? 사회적으로 옳다는 기준이 절대적인가? RE100은 달성될 수 있는 목표인가? 지금 화석연료를 배제하는 것이 적절한가? 등 무수히 많은 논쟁거리가 있다. 그 가운데 하나가 바로 '정부가 ESG에 개입하는 것이 과연 기업과 시장에 도움이 되는가?'이다. 이는 비단 한국만의 문제는 아니다. 예를 들면 해외에서도 ESG 경영을 어떻게 구동할 것인가에 대해 입장이 나뉜다. 공시만 보더라도 EU는 UN의 전통적인 접근법에 따른 금융기관을 통해 개별기업의 ESG 정보 공시를 촉구하고, 미국은 투자자 보호 차원에서 연방정부가 개입하여 공시를 권고하고 있다.

한국도 새정부의 출범과 함께 정부가 ESG 사안에 어디까지 관여할지 궁금한 사항이다. 물론 모두 다 ESG라는 이름으로 정책이 실행되지는 않는다. 산업안전에 관한 법으로서 대표적인 ESG 법이라 할 수 있는 '중대재해처벌법'에도 ESG라는 단어는 전혀 들어가 있지 않다. ESG라는 명칭이 없어도 실제로 ESG를 권고하는 법과 제도가 2022년에는 더 늘어날 것이다. 정부의 철학에 따라 강약의 차이는 있겠지만, 전반적으로 ESG가 공동 목표가 될 것은 틀림없다. 새정부 자체가 '공정과 상식'을 내세웠고, 공정과 상식 즉 fair and common은 모두 ESG의 대표 가치이기 때문이다.

지금부터는 2022년 봄 현재 경영진이 꼭 알아야 할 ESG 법과 제도의 변화에 대해 살펴보겠다.


## 2_ ESG 4법

지난 대선에서 이른바 'ESG 4법'에 대한 야당의 공약이 있었다.

첫째 '국민연금법'의 개정이었다. 국민연금법상 기금 운용 목적을 '장기적 재정 안정'에서 '지속가능성 확보'로 변경하겠다는 것이었다. 필자는 이러한 개정에 대해서는 반대이다. 연기금은 만기가 없다. 즉, 연기금을 관리하는 공단은 수백 년이 지나도 만기 없이 계속 수익을 올려야 하는 기관이다. 연기금은 각 세대를 위해 지급되어야 할 자금이고, 여기에 지속가능성 확보라는 전제는 당연히 들어가 있다. 연기금은 지속가능한 것은 기본이고, 단순히 받은 돈을 그대로 돌려주는 것이 아니라 불려서 돌려주어야 하는 것이다. 따라서 장기 수익 확보 및 재정 안정은 가장 기초적인 목표이다. 불필요한 개정으로 국민연금의 목적이 혼동되고 자칫 장기적 안정성이 후순위로 밀릴 수 있다는 점에서 필자는 반대한다. 여러분이 50년짜리 적금을 맡겼는데 은행의 운영 목표가 이자대신 투자회사의 지속가능성 확보라면 동의하겠는가? 필자는 지속가능성이라는 단어의 남용과 오용에 대해 극히 경계하는 입장이다.

둘째, '국민재정법'의 개정이다. ESG 준수 여부를 기금 운용 평가에 반영하도록 기금의 자산운용지침을 개정하는 것이다. 이렇게 되면 실질적으로 기금 운용 평가에 ESG 고려를 의무화하는 것이다. 국민연금법처럼 마차가 말을 끄는 모양새는 안 되지만 ESG 준수 여부를 중요시하는 것은 나쁘지 않다고 생각한다. 그런데 기금의 수익성을 높이면서 ESG를 평가하려면 ESG에 대한 객관적인 지표와 평가기준이 있어야 한다. 이 문제는 '조달사업법'의 개정에도 그대로 적용된다. 공공조달 절차에서 ESG 반영을 의무화하는 것인데 ESG에 대한 큰 오해에서 비롯된 취지이다. ESG는 경영요소이다. ESG를 모두 잘 할 수는 없다. 때로는 포기해야 하는 부분도 있을 수 있다. 심지어 그린워싱도 아직 완전히 극복하지 못한 문제다. 만약 ESG를 금융기관이나 회계전문가들이 통일적인 기준에 의해 사업적으로 판단한다면 그 경우는 동의가 된다. 영리기관이나 성과측정 전문가들이 이를 성과로 수치화해서 사업적으로 사용하는 것이기 때문이다. 하지만, 정부나 위임받은 기관이 ESG 평가를 해서 이를 공공조달이나 공공기금 영역에 기준으로 도입한다는 것은 ESG를 크게 오해하는 것이다. ESG는 일정한 달성 기준이 있는 것이 아니기 때문이다. ESG는 합격 불합격이 있는 오엑스의 문제가 아니다. 재무성과처럼 계량화되기도 어렵다. 공공조달에서 ESG 기준이 도입되는지 여부는 새정부에서도 중소·중견기업은 눈여겨보고 의견을 내야할 부분이다.

끝으로 '공공기관운영법'이다. 필자는 공기업이나 준정부기관이 ESG를 고려해 경영활동을 펼치고 이를 경영실적 평가에 반영하자는 취지에는 크게 동의한다. 공공기관은 그간 ESG를 본질적으로 실천했어야 함에도 불구하고, 일부 공공기관이 정치적 이유나 기관장 개개인에 따라 사유화되거나 정부의 눈치를 보는 운영을 해온 것도 사실이다. 공공기관이 ESG를 중요시 해야 하는 이유는 ESG가 달성하고자 하는 가치가 공적인 사회적 이익과 사적인 경제적 수익이 극대화되는 지점이기 때문이다. 따라서 공공기관이야말로 지속가능한 기업이 되기 가장 좋은 여건을 가지고 있고, 또 반드시 그래야 하는 기관이라 공공기관에 ESG를 도입하는 것은 바람직하다. ESG를 경영실적 평가에 반영하겠다는 부분도 필자는 동의한다. 공공기관이 가져야 할 목표는 사기업에 비해 훨씬 또렷하다. 따라서 공공기관에 대한 ESG 경영 평가는 객관화될 수 있다. 애초에 공공기관이 국가가 달성하고자 하는 공적 목적과 수익성을 얼마나 조화시켰는지는 대주주인 국가가 판단하면 되는 일이니 말이다. 다만, 공공기관이 거래처를 선정함에 있어 중소·중견기업의 ESG를 과다하게 평가 요소로 삼거나 아직 준비되지 않았음에도 불구하고 이를 압박하다 보면 그린워싱이 풍선효과처럼 생길 수 있다. 그러니 공공기관 운영을 ESG의 잣대로 평가하더라도 중소·중견기업 거래처에게 ESG 요소를 적용하는 것은 아직 시기상조이다.

위의 가칭 ESG 4법 개정에 대해서는 언제든지 다시 논의될 수 있으므로, 경영진은 늘 모니터링하고 본 법이 자사에 가져올 리스크와 임팩트에 대해 준비를 하는 것이 필요하다.


## 3_ 2022년 신설 주요 환경 법령

2022년부터 새로이 시행되는 대표적인 환경관련 3법을 다음과 같이 발췌 소개한다. 중소·중견기업 경영진은 본 법 적용이 자사의 ESG 경영과 어떤 연관관계가 있을지 사전에 판단하고 대비하거나 활용하는 것이 바람직하다.

---

▶ 기후위기 대응을 위한 탄소중립·녹색성장 기본법

한국이 2050년까지 어떻게 탄소중립 정책을 펼칠 것인지 가장 기본이 되는 '탄소중립기본법'이 시행된다. 본 법에서는 2030년까지 국가 온실가스 배출량을 2018년 대비 35% 이상 감축하겠다는 중간 목표를 명시한 것이 가장 큰 내용이다. 주요 내용은 다음과 같다.

- 사업자는 녹색경영을 통하여 사업 활동으로 인한 온실가스 배출을 최소화하고 녹색기술 연구개발과 녹색산업에 대한 투자 및 고용을 확대하도록 노력하여야 하며, 국가와 지방자치단체의 시책에 참여하고 협력하여야 한다.
- 관계 행정기관의 장 또는 사업자는 환경영향평가의 대상이 되는 계획 및 개발사업 중 온실가스를 다량으로 배출하는 사업 등에 대하여는 전략환경영향평가 또는 환경영향평가를 실시할 때, '기후변화영향평가'를 포함하여 실시하여야 한다.
- 정부는 대통령령으로 정하는 기준량 이상의 온실가스를 배출하는 업체(이하 '관리업체'라 한다)를 지정하고 대통령령으로 정하는 계획기간 내에 달성하여야 하는 온실가스 감축 목표를 관리업체와 협의하여 설정·관리하여야 한다.
- 정부는 탄소중립 관련 계획 및 기술 등을 적극 활용하여 탄소중립을 공간적으로 구현하는 도시(이하 '탄소중립도시'라 한다)를 조성하기 위한 정책을 수립·시행하여야 한다.
- 정부는 탄소중립 사회로의 이행에 있어 사업전환 및 구조적 실업에 따른 피해를 최소화하기 위하여 실업의 발생 등 고용상태의 영향을 정기적으로 조사하고, 재교육, 재취업 및 전직轉職 등을 지원하거나 생활지원을 하기 위한 방안을 마련하여야 한다.
- 정부는 기후위기 대응 및 탄소중립 사회로의 이행 과정에서 영향을 받을 수 있는 대통령령으로 정한 업종에 종사하는 기업 중 「중소기업기본법」 제2조제1항에 따

---

른 중소기업자가 녹색산업 분야에 해당하는 업종으로의 사업전환을 요청하는 경우 이를 지원할 수 있다.

- 정부는 기업이 경영활동에서 자원과 에너지를 절약하고 효율적으로 이용하며 온실가스 배출 및 환경오염의 발생을 최소화하면서 사회적·윤리적 책임을 다하는 경영(이하 '녹색경영'이라 한다)을 할 수 있도록 지원·촉진하여야 한다.
- 정부는 녹색기술·녹색산업에 대하여 예산의 범위에서 보조금의 지급 등 필요한 지원을 할 수 있다.
- 정부는 녹색기술의 공동연구개발, 시설장비의 공동 활용 및 산·학·연 네트워크 구축 등의 사업을 위한 집적지나 단지를 조성하거나 이를 지원할 수 있다.

### ▶ 환경친화적 자동차의 개발 및 보급 촉진에 관한 법률

민간 차량 사업자들도 앞으로는 반드시 일정 비율 이상을 친환경차로 구매해야 한다. 친환경차 구매목표제를 신설한 '친환경자동차법'이 시행된다.

- 친환경차란 전기자동차, 태양광자동차, 하이브리드자동차, 수소전기자동차 등을 말한다.
- 친환경차를 의무적으로 구매해야 하는 대상사업자는 여객자동차운송사업자, 자동차대여사업자, 일반택시운송사업자, 화물자동차 운수사업자 등이다.
- 전기차충전기 설치도 신축시설뿐이 아니라 기축시설까지 그 의무가 확대되었다.
- 공공부문은 운영 중인 전기차충전기는 의무개방해야 한다.
- 누구든지 환경친화적 자동차 충전시설 및 충전구역에 물건을 쌓거나 그 통행로를 가로막는 등 충전을 방해하는 행위를 해서는 안 된다.

### ▶ 환경기술 및 환경산업 지원법

환경기술의 개발과 보급을 촉진하고 지원하기 위한 법이 환경기술산업법이다. 이 법은 친환경기술을 신기술로 인증하고 우수환경업체를 지정, 지원하는 내용을 담고 있다.

- 환경부 장관은 신기술인증을 신청 받은 때에는 그 기술이 기존의 기술과 비교하여 신규성과 우수성이 있다고 평가하여 인증한 기술(이하 '신기술'이라 한다)이면 신기술 인증을 할 수 있다.
- 환경부 장관은 환경산업을 지원·육성하기 위하여 사업실적, 기술력 등이 우수한 환경산업체를 우수환경산업체로 지정할 수 있다.
- 환경부 장관은 오염물질의 현저한 감소, 자원과 에너지의 절감, 제품의 환경성 개선, 녹색경영체제의 구축 등을 통하여 환경 개선에 크게 이바지하는 기업 및 사업장을 녹색기업으로 지정할 수 있으며, 지정 기간이 끝나면 다시 지정할 수 있다.
- 2022년 1월 1일부터 최근 사업연도말 자산 총액 2조원 이상 되는 주권상장법인은 온실가스, 오염물질 배출량, 환경관련 투자규모 등 환경정보를 공개해야한다. 해당 기업은 환경정보공개·검증시스템에 다음 연도 6월 30일까지 온실가스, 오염물질 배출량, 환경관련 투자 규모 등 환경정보를 입력해야 한다.

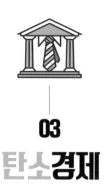

# 03
# 탄소경제

## 1_ 개요

바야흐로 환경지상주의 시대이다. 어떤 경우든 '친환경'만 붙이면 무사통과다. 한편에서는 ESG에서 이렇게 E에만 몰리는 것이 맞는가를 묻고도 있다. 예전의 환경경영과 무엇이 다르냐고 반문하고 있다. ESG에서 E에 이렇게 꽂힌 이유는 유일하게 계량적 목표가 있기 때문이다. 거기에 과학적 기반으로 측정가능하다. S나 G는 사업적으로 연결되기 쉽지 않은 반면, E를 개선하다 보면 사업기회도 발견할 수도 있다. 자사 공장의 폐수 처리를 위해 친환경설비를 만들었다가 성능이 좋아 외부에 판매하는 경우다.

C(Climate)-Tech에는 사업기회가 많다. ESG는 E가 가장 중요하

고 시급하다고 보아 E부터 강조된 개념이다. 리우협약에서는 기후변화협약 외에 생태계 다양성 협약과 사막화 방지 협약도 체결되었는데, 기후변화협약이 압도적으로 흐름을 끌어가고 있는 이유도 그렇다.

인류는 E를 어떻게 해결하려고 했을까? 인공강우기, 기후조절 인공위성 등 모든 방법을 동원해 봐도 역시 신의 영역에는 도전하기 어렵다는 것을 깨달았다. 결국 결자해지의 차원에서 인류가 찾은 방법은 환경을 오염시키거나 훼손되지 않는 방법으로 화석연료를 덜 태워서 이산화탄소 등 온실가스를 줄이는 것을 추진하기로 했다. 지금의 E는 대부분 어떻게 하면 온실가스를 대기에 덜 뿜을까에 관한 얘기다. 탄소중립이 그렇고 RE100이 그렇다.

그런데 인간은 경제적 동물이다. 단순히 선의만으로는 이기심을 제어할 수 없다. 자기에게 도움이 되어야 더 신이 나서 움직이는 속성을 가지고 있다. 환경보전이라는 명분은 좋은데 그저 지속가능발전이라는 대의명분만으로는 지구전체의 난방을 멈추기가 어려운 면이 있다. 그래서 탄소감축을 계기로 각종 사업이 모색되고, 기술발전을 돈으로 연결하기 시작하였다. 탄소배출권이 그렇고, 탄소저장포집기술이 그렇고, 신재생에너지가 그렇고, ESG ETF가 그렇다. 이하 탄소감축이 어떻게 기업 경영에 크든 작든 영향을 미치고 있는지 살펴보겠다.

## 2_ 원전회복 原電回復

전 세계 국가들이 자국의 탄소를 얼마까지 언제까지 감축하겠다고 숙제를 낸 것이 'NDC<sub>자발적 감축 목표</sub>'이다. 기존에 한국 정부가 국제사회에 제출한 감축 목표는 2030년까지 40%(2018년 대비)를 감축하겠다는 것이었다. 이 목표는 한국 기업의 현실에 비추어 과속이라는 의견이 많았다. 더구나 원전을 제외한 재생에너지로 이 목표를 달성하기는 불가능하고, 만약 달성하려면 공장들을 폐쇄해야 한다는 말까지 나왔었다.

자발적 감축 목표는 의무사항은 아니다. 깨려면 깰 수는 있다. 다만 아예 미리 약속을 깰 경우 국제적 신인도에 상당히 악영향을 끼칠 수 있다. ESG에 대해 꼭 알아두어야 할 것이 한 가지 있다. ESG는 현실이라는 점이다. 필자는 학계, 시민단체, 정부가 기업의 현실과 목소리를 무시하고 ESG를 실천하라는 것은 극히 경계한다.

ESG는 현실이고 E는 환경이 아니라 Economy 경제이기도 하다. ESG는 철저히 경제논리에 입각해야 지속가능하다. 그래서 탄소중립도 경제적 논리 하에서 블랙록같이 '자본주의의 힘'을 믿는 투자자들을 만족시켜야 하고, 국제적으로 공조하는 것이 맞다.

자발적 감축 목표도 우선 최선을 다해 노력하는 것이 맞다. 더

군다나 대통령이 바뀌었다고 해서 국제적 약속을 바꾸는 것도 국익에 도움이 되지는 않는다. 네비게이션에 목적지를 찍었으니 일단 목적지로 가는 게 맞다. 경로를 조정해서라도 말이다. 경로 조정에 가장 핵심적인 요소는 재생에너지 기술이 에너지 공급을 완전하게 담보할 수 있을 때까지 탈원전 정책의 수정이다. '원전회복原電回復'이라고 하겠다. 여당은 신한울 3·4호기 건설 재개와 차세대 원전 개발 지원을 공약했다. 또, 현재 국내 24기 원전 중 안전성이 확인된 가동 중인 원전에 대해 계속 운전을 허용할 것도 약속했다. 원전회복으로 가져올 에너지 정책 지형 변화에 경영진들은 주목하여야 한다.

## 3_ K-RE100

2021년 산업자원부는 RE100 즉 재생에너지로만 100% 산업용 전력을 사용한다는 글로벌 캠페인을 본 따서 K-RE100제도를 실시하였다. 글로벌 RE100은 기준도 까다롭고 한국에서 기술 발전 등으로 실천이 어려워, 한국형 RE100을 만들어 우리나라 기업들이 자발적으로 ESG 경영에 참여하게 하는 순기능이 기대되었다. 그런데 1년이 지난 2022년 봄 현재 K-RE100은 예상만큼 큰 효과를 거두지 못하고 있다. 요리를 만들라고 하며 재료를 다섯 가지나 주었지만 네 가지 재료는 쓰려고 해도 쓰기 어렵기 때문이다.

K-RE100은 다음과 같이 5가지로 이루어질 수 있다. 한전에 별도로 요금을 납부하고, 재생에너지로 생산된 전력을 구매하는 '녹색프리미엄제', 재생에너지 공급인증서REC를 구매하여 인증을 받는 'REC 구매제', 재생에너지 발전사와 소비자간 직접 전력을 거래하되 한전이 중개하는 '제3자 전력구매계약PPA', 전기 소비자가 재생에너지 사업에 직접 투자하는 '지분투자', 자가용 재생에너지 설비로 전력을 생산하여 사용하는 '자가 발전'이다. 이 5가지 방법을 통해 전기를 사용한 실적을 제출하면 '재생에너지 사용 확인서'를 발급받을 수 있고, 이를 기업은 다양하게 활용하면 된다.

그런데 문제는 실제로 기업 자체의 온실가스 감축은 없고, 한전으로부터 재생에너지로 생산된 전력을 웃돈을 얹어주고 사는 '녹색프리미엄제'에 K-RE100은 집중되어 있다. 다 돈 때문이다. 일단 녹색프리미엄제 빼고는 가격이 비싸다. 재생에너지 공급인증서는 가격이 1.5배 정도 비싸고, PPA는 10배까지 비싸다는 언론 보도도 있었다. 지분 참여나 자가 발전도 설치비용이나 이런 저런 부대비용으로 가격이 만만치 않다고 한다.

그러면, K-RE100이 실효를 거두지 못하는 근본적인 문제는 무엇일까? 한전의 적자이다. 한전은 K-RE100 시장에서 재생에너지 사용 방법을 분배하고 조정할 수 있는 주체이다. 그런데 일단 자사가 연간 적자가 약 10~20조에 달하니 민간사업자를 챙길 여력이 없다. 즉, 지원이나 인센티브는 불가능한 상황이다. 한전의 적자 축소 내지 흑자 전환은 그대로 K-RE100의 성공에 직결된다고 해도 과언이 아니다. K-RE100으로 중소·중견기업의 ESG 경영이 더 악화되거나 위축되어서는 안 될 일이다. 따라서 전력시장 구조 개편과 한전의 수익성 개선이 시급하다.

## 4_ 탄소배출권

정부가 온실가스 감축 목표를 반영하여 매년 기업별로 탄소배출 한도를 할당하는 제도가 탄소배출권 제도이다. 국내에서는 약 700개 기업들이 탄소배출권을 할당받아 운영 중이며, 부족분이나 잉여분은 한국거래소에서 다른 기업과 사고 팔수 있다.

취지는 참 좋지만 운영에 있어 개선할 부분들이 많다. 우선 우리나라는 탄소 가격의 등락 폭이 너무 커서 가격안정성이 떨어진다. 1톤당 약 1만5천원에서 3만원까지 가격이 두 세배 뛰는 것이 현실이다. 이러한 등락은 시장 참여자가 적은 게 문제다. 기업은 원자재 가격이 등락을 거듭하면 당연히 최대한 가격이 쌀 때 사두어 비축하고자 한다. 하지만 배출권 경매에서 구입할 수 있는 물량은 30%로 제한되어 있다. 시장에서는 수요와 공급이 조정을 거치면서 가격이 결정되는 게 기본이다. 그런데 탄소배출권은 시장은 열렸지만 공급도 딸리고, 탄소배출권 구매업체도 집중되어 있어 진정한 시장거래라고 할 수 없다. 탄소배출권 가격도 낮지 않다.(EU는 탄소배출권이 이미 금융 상품화되어 거래가 활발히 이루어지고 있어 가격을 한국과 단순 비교할 것은 아니다)

이렇게 탄소배출권의 수요와 공급의 불일치 현상이 심화되면 정부는 쉬운 방법이 있다. 기업별로 사전 탄소 할당량을 줄이면 된다. 즉, 코끼리를 냉장고에 넣듯이 기업이 알아서 탄소배출을 줄이고 그 이상 배출하면 초과분 가격의 3배에 해당되는 과징금을 내게 하면 쉽다.

필자는 ESG 경영이 내재화되려면 연착륙이 중요하다고 생각한다. 쓰레기 종량제처럼 봉투에 쓰레기를 다 버려도 남으면 쓰레기봉투를 사게 해야 하는데 쓰레기봉투가 없으니 나머지는 그냥 버리고 벌금을 내라고 하면 기업들은 생산을 줄이거나 과징금을 부담하고 전가하며 생산을 하는 수밖에 없다. 고탄소 산업이 저탄소 산업이 될 때까지는 시간이 걸린다. 많은 ESG 전문가들이 해외의 제도를 그대로 도입하여 높은 기준을 권하며 중소·중견기업 경영진에게 스트레스와 죄책감을 주는 경우가 종종 있다.

또 정부가 해결해야 할 과제를 기업인들에게 전가하는 경우도 있다. 현재의 탄소배출권 거래제가 그렇다. 탄소배출권은 테슬라처럼 전기차의 적자를 탄소배출권으로 메꾸는 정도의 모범기업이 나오게 하는 게 당초의 취지였을 것이다. 그런데 지금은 정부의 규제들이 탄소배출권 시장 왜곡을 가져오거나 시장 참여자를 제한하여 기업들이 탄소배출권을 움켜쥐고 풀지 않는 것이 아닌가 하는 의구심이 든다.

탄소저감 문제는 단순히 개별기업의 문제가 아니다. EU의 탄소국경세라는 제도가 있다. EU 역내에서 생산할 경우 배출하는 탄소보다 해외에서 탄소를 제품을 생산하며 탄소를 더 배출하면 더 배출한 탄소만큼 EU에 제품이 들어올 때 세금을 매기는 제도를 말한다. 한국의 탄소저감기술이 빨리 발전되어야 하는 이유다. 탄소배출권이 활성화되어 친환경기술이 촉진되어야 한다. 민관이 협력하여 탄소배출권 거래제를 해외처럼 선진화하고 시장 기능을 되찾게 할 필요가 크다.

## 5_ 플라스틱 리사이클링

코로나가 우리 삶에 가져온 변화는 셀 수 없이 크다. 비대면 사회, 안전과 건강에 대한 경각심, 재택근무의 일상화 등이 그렇다. 그러면서 큰 변화가 생긴 것이 바로 '배달 경제'이다. 대면 거래가 감소하고, 외출이 줄어들면서 집집마다 다양한 배달을 사용하였다. 그 과정에서 포장용 플라스틱 사용이 급증하였다. 지금은 온통 탄소중립에 집중해있지만 필자 생각에는 코로나가 스러짐과 동시에 플라스틱 포장재 문제가 심각하게 대두될 것이다.

국내의 경우 가정 1곳이 일주일 동안 내놓는 일회용 플라스틱 제품 수는 평균 92개로 1인당 플라스틱 배출량이 세계 3위라고 한다. EU는 이미 2021년 1월부터 재활용이 불가능한 플라스틱 폐기물에 킬로그램당 0.8유로를 부과하는 플라스틱세를 도입하였다. 한국도 2023년부터 플라스틱 제조업체에 재생원료 사용의무를 부과한다. 2023년에는 플라스틱 페트를 사용하는 모든 제품에 재생원료를 30% 이상 사용하도록 할 계획이다. 정부의 플라스틱 순환 이용률 목표치는 2050년 95%이다.(동아일보, 2022.1.10 기사)

기후변화가 파리기후변화 협약이 중심이라면, 플라스틱 처리는 1992년 6월 5일 '리우회담'에서 체결된 '생물다양성협약CBD : Convention on Biological Diversity'이 중심이다. CBD라고도 불리는 본 협약은 '전문과 42개 조항, 2개 부속서'로 구성되어 있는데, 국가별 지침을 별도로 마련해 생물자원의 주체적 이용을 제한하고 있다.

이 협약의 주요 목표는 세 가지이다. 생물 다양성 보전, 생물 다양성 구성 요소의 지속가능한 사용, 유전자원의 이용으로 인한 이익의 공정하고 공평한 공유가 그 목표들이다.

이 협약의 원칙은 '국가는 유엔 헌장 및 국제법 원칙에 따라, 자국의 환경정책에 따라 자체 자원을 개발할 주권적 권리와 관할권 또는 통제 내의 활동으로 인해 다른 국가나 자국 관할권을 벗어난 지역에 환경적 피해를 주지 않을 책임을 소유한다'이다.

플라스틱 포장재나 용기들이 해양 생태계를 심각하게 파괴하고 있기 때문에 플라스틱 순환경제는 해양 생태계 복원과 밀접한 관계가 있다. 앞으로도 해양 생태계와 연결하여 탈 플라스틱 추세는 강화될 것이다.

MZ세대는 ESG 기업을 선호하고, 친환경제품을 선택 구매한다. 경영진은 플라스틱 재활용을 위한 기술개발과 디자인 변화 등 마케팅 활용에 집중해야 한다.

코카콜라의 경우는 재활용재료와 경량화를 디자인에 반영하였고, 플라스틱 용기 수거를 위해 '에브리 바틀 백Every Bottle Back'이라는 캠페인도 벌이며 좋은 반응을 보이고 있다. 환경부도 2021년 12월 '탄소중립을 위한 한국형(K)-순환경제 이행계획'을 발표하였다. 그 가운데 특히 에코 디자인에 관한 부분이 주목할 만하여 다음과 같이 인용한다.

- 제품의 설계 단계부터 순환이용이 쉬운 원료 사용, 내구성 및 수리 용이성, 폐기되었을 때 재사용·재제조 용이성 등을 고려하도록 지속가능한 설계<sub>에코디자인</sub> 적용을 강화한다.
- 지속가능한 친환경 설계기법을 통한 시제품 제작을 지원하고, 판매량이 많은 주요 제품군을 선정하여 에코디자인 적용 여부 평가 및 제품별 안내서<sub>매뉴얼</sub>를 마련하는 한편, 중소기업 대상 적용 자문<sub>컨설팅</sub>을 지원한다.
- 혁신형 에코디자인 설계 공모를 통해 우수 중소·벤처기업의 제품 개발, 제작비용 등 에코디자인 제품 상용화를 지원한다.
- 제품의 내구성, 재생원료 사용비율, 재제조 가능성 등을 평가하는 '자원효율 등급제(가칭)'를 도입하여 제조기업이 자발적으로 친환경 제품을 설계하도록 유도한다.

## 6_ 녹색 건축

기후 온난화를 방지하기 위하여 경제 주체들은 모든 탄소 발생원을 찾고 있다. 그 가운데 빌딩도 상당한 탄소를 발생시키는 것으로 확인되었고, 탄소를 줄이기 위해 신축은 아예 친환경으로 짓고 기축은 리모델링을 하고 있다. 건물의 에너지 효율화와 공간 개선을 합쳐 '그린 리모델링'이라고도 부른다. 그린 리모델링은 탄소감축과 인간 행복 추구라는 ESG적 가치를 실현하는 개선 활동이다. 에너지 효율성이 낮은 건물은 브라운 빌딩<sub>갈색 건물</sub>이라고 한다. 최근 에너지 효율성이 낮고 고탄소 건축물인 경우 가격이 떨어져 이를 '브라운 디스카운트'라고도 부른다.

이미 미국에서는 리드<sub>LEED : Leadership in Energy and Environmental Design</sub>라고 해서 국제적으로 인정받는 녹색건물 인증제도도 있다. 기업에 대한 등급평가 기관처럼 건물에도 역시 ESG 평가를 하는 기관도 있다. 대표적인 기관이 그리스비<sub>GRESB</sub>이다. 그리스비는 네덜란드에 있는 회사인데 매년 부동산 자산에 대한 지속가능성을 평가해서, 글로벌 투자자들에게 ESG 정보를 제공하고 있는 기관이다. 이렇게 건물에도 지속가능성을 따지고 ESG 평가를 해서 투자의 기초 데이터로 활용하고 있다. 한국에도 '녹색건축인증제도<sub>G-SEED</sub>'가 있어, 친환경 건축물 인증을 받을 수 있다.

부동산에도 ESG가 도입되고 있다. 브라운빌딩 보다 그린빌딩이 가치도 더 높고, 인증 제도를 통해 스마트빌딩으로 명명되며 쾌적한 공간으로 인식되고 있다. 탄소경제 시대에는 탄소를 배출하는 모든 탄소원<sub>炭素源</sub>에서 탄소를 감축하는 시도가 계속될 것이다. 그 소스가 건물이든, 자동차, 플라스틱, 공장설비, 심지어 가축이든 탄소를 감축하기 위한 노력은 이어질 것이다. 경영진은 탄소 배출을 줄이거나 없애거나 아예 발생시키지 않는 기술과 제품에 관심을 끊어선 안 된다. 지금은 저탄소시대로 급격히 태세 전환이 되어 가고 있다. 방어를 넘어서 공격으로, 비용을 넘어서 이익으로 치환할 수 있다면 그것이 진정한 ESG 경영이 되는 탄소경제시대이다.

# 04
# 협력사 지원

## 1_ 개요

EU에서 지속가능한 경제활동을 정의하고, 친환경 기준을 설정한 것이 'EU 환경 택소노미Taxonomy'이다. ESG는 환경, 사회, 지배구조를 말하는 것이므로 이제는 두 번째 택소노미, 즉 사회social 택소노미가 나올 차례이다.

2021년 7월 EU는 '사회 택소노미Social Taxonomy안'을 발표하였다. 사회적으로 지속가능한 경제활동이 무엇인지 그 기준을 정하기 위한 것이었다.

사회 택소노미 가운데 '노동자들에 양질의 일자리 보장' 중 '아동노동 금지, 강제노동 금지, 가치사슬 내의 노동자들에 대한 영

## | EU 소셜 택소노미의 구조

| | | |
|---|---|---|
| **수직적 차원**<br>(상품·서비스가 적정한<br>삶의 기준 향상) | 인간의 기본욕구에<br>대한 접근권 개선 | 물, 음식, 주거, 보건, 교육 등 |
| | 기본적 경제<br>인프라에<br>대한 접근권 개선 | 교통, 통신과 인터넷, 청정에너지, 금융의<br>포용성, 폐기물 관리 등 |
| **수평적 차원**<br>(경제활동 과정에서<br>이해관계자의 인권<br>존중·보호) | 노동자들에게<br>양질의<br>일자리 보장 | 사회적 대화, 차별금지 및 평등, 아동노동<br>금지, 강제노동 금지, 좋은 고용 조건, 보<br>건과 안전, 숙련 및 평생교육, 사회보장,<br>가치사슬 내의 노동자들에 대한 영향 |
| | 소비자들의<br>이익 증진 | 상품과 서비스의 안전성과 품질, 소비자<br>개인정보·프라이버시·사이버 보안의 보<br>호, 책임 있는 마케팅 관행 |
| | 포용적이고<br>지속가능한<br>지역사회 조성 | 평등하고 포용적인 성장, 주거와 생활 지<br>원, 인권 옹호자의 시민 공간의 존중(표<br>현집회의 자유 보호) |

자료 : EU, 소셜 택소노미(social taxonomy)초안 보고서 발표, 법무법인 지평, 2021.7.20.

향이 최근 글로벌하게 강한 이슈가 되고 있다. 예전에는 큰 기업들은 자신만 잘하면 되었다. 자기만 수익을 올리고, 자기만 잘 나가면 사회적으로 다소의 압박은 있었지만 법적으로 문제될 일은 없었다. 그런데 이해관계자 자본주의 시대를 맞아 큰 기업들에게 하나의 숙제가 생겼다. 바로 협력사의 ESG까지 돌보아야 하는 것이다.

협력사들도 대기업 혹은 원청기업의 동반자이지만, 협력사로서 제품과 서비스의 납품에 충실하면 되었지, ESG까지 신경 쓸 필요까지는 없었다. 그런데 정부나 투자자들은 대기업들의 ESG는 결국 협력사의 ESG와 밀접하게 관련이 있다는 점을 알아냈고, 대기업들로 하여금 협력사의 ESG를 돌보게 하거나 때로는 법으로 대기업에 압박을 가하여 간접적으로 협력사의 ESG를 강화하게 하고 있다.

해외에서는 대표적인 법률이 2022년 2월에 발표된 'EU 실사법'이다. 이 법은 우선 유럽 내의 기업 중 임직원 500명 이상, 글로벌 연매출 1억5천만 유로한화 약 2,030억 원에 해당되는 기업이 즉시 적용대상이다. 유럽 내 약 9,400개 기업이 대상이 될 전망이다. 이 기업들을 법에서는 그룹1이라 부르고, 앞으로 2년 뒤 적용할 기업들은 그룹2로 나눴다. 그룹2는 섬유·농수산식품업·광업 등 고위험 섹터의 임직원 250명 이상, 매출 4천만 유로한화 약 540억 원 이상인 중소·중견기업이다.

위 대상기업들은 자기회사는 물론, 거래하는 협력업체나 공급망에 속하는 회사들이 인권을 제대로 보호하며 생산 활동을 하는지, 환경 파괴는 안 하는지 등을 실사 받게 된다. 이 법에 따르면 위 대상에 속하는 기업이 설사 외국기업이라 하더라도 적용을 받게 되며, 위 대상에 속하는 외국기업도 EU 역외에 있다 하더라도 거래를 하게 되면 때에 따라서는 법 적용을 받게 된다. 한국의 중소·중견기업들도 EU 기업들과 거래를 하고 있다면 본 법에 따라 협력업체로서, 혹은 공급망 내의 거래업체로서 실사를 받게 될 수 있다. 향후 본 법이 어떻게 적용되는지 한국 기업들은 잘 모니터링해서 글로벌 공급망 내에서 불이익을 당하는 일이 없도록 해야겠다.

최근의 경향은 글로벌 대기업들이 자사의 협력사가 어떤 지역에 있는지, 인권 위반의 소지는 없는지 등을 종합적으로 판단하여 심각하다고 판단될 경우에는 아예 그 협력사에서 생산된 제품을 납품받지 않거나 심지어 협력사 리스트에서 제외하는 경우도 있다. 대표적으로 알려진 지역이 중국 신장 위구르 지역, 콩고 등이다. 필자도 다음과 같이 나이키의 신장위구르자치구 협력사 관리에 관하여 기고한 바 있다.

---

나이키는 올해 3월 성명을 내고 소수 민족 강제 노동 의혹이 불거진 중국 서부 신장위구르 지역에서 제품과 원자재를 공급받지 않겠다고 밝혔다. 중국 내에서는 나이키 불매 운동이 펼쳐졌고 심지어 나이키 신발 화형식까지 동영상에 올라왔다. 이후 존 도나호 나이키 CEO는 "우리는 중국의, 그리고 중국을 위한 브랜드"라고 진화에 나섰지만 중국 시장 매출에 대한 전망은 여전히 어두웠다. 나이키는 6월 24일 실적을 발표했고 오히려 시장 전망을 웃도는 매출과 수익을 기록했다. 주가도 약 15%나 급등했다. 나이키의 위기 회복력은 어디에서 나온 것일까.
2021년 세계적 ESG 평가 기관인 서스테널리틱스에 따르면 나이키는 '낮은 위험low risk'을 가지고 있다고 평가된다. 서스테널리틱스는 산업별로 익스포저에 따른 기업의 위험도를 측정, 계량화·등급화해 발표한다. 익스포저는 기업이 다양한 ESG 이슈에 노출되는 정도를 말하며 이에 대한 등급은 크게 다섯 그룹으로 나눈다. 음·낮음·중

간·높음·심각Negative, Low, Medium, High, Severe이다. 나이키는 10점에서 20점 사이에 해당하는 낮은 위험 노출도를 보이고 있다. 그만큼 ESG 측면에서 나이키는 위험을 낮추려는 노력을 적극적으로 하고 있다는 의미다.

한편, 모건스탠리캐피털인터내셔널MSCI에 따르면 나이키는 2018년부터 변함없이 MSCI ESG 등급 A를 유지하고 있다. 결코 쉬운 등급이 아니다. 나이키가 중국 시장에서의 보이콧에 크게 영향을 받지 않는 것은 마케팅 등 여러 가지 이유가 있겠지만 나이키의 건전한 ESG 기준과 철학이 견고하게 작동한 이유도 있을 것이다. 나이키는 원가 상승이나 시장의 위협에도 불구하고 공급망의 노동 기준을 엄격하게 관리해 왔고 여전히 높은 ESG 평판을 유지하고 있다. ESG 평판이 높는 것은 기업의 리스크 관리 차원에서도 월등한 위력을 발휘한다. ESG 평가와 판단은 기업의 지속 가능성을 담보하는 기반이기 때문이다.

자료 : 한경비지니스, 2021.7.28.

---

미국 정부는 2021년 말에 중국 드론업체 DJI 등 8개 업체를 투자 블랙리스트에 올리겠다고 발표했다. 투자 블랙리스트로 지정되면 미국 투자자들은 그 기업에 주식 취득 등이 금지된다.

DJI라는 회사가 블랙리스트에 오른 이유는 이 드론이 신장지역 위구르족 감시에 쓰이는 것으로 판단되었기 때문이다. 물론, 안보 정책적인 이유도 있겠으나 일단 미국 정부는 인권탄압을 이유로 24개 중국기업을 무역 블랙리스트에 추가적으로 올리겠다고 발표했다. 아예 미국 하원은 '위구르족 강제노동 방지법'을 만장일치로 통과시켰다. 이 법에 따르면, 신장위구르자치구에서 생산되는 제품은 미국 정부가 강제노동으로 생산된 제품이 아니라고 확인해 주어야 미국으로 수입이 가능해진다.

이러한 이유로 중국 신장위구르 지역에서 생산되거나 관련된 제품이나 회사가 미국 정부로부터 제재를 받는 경우도 다반사이다. 한 예로 미국 정부는 신장위구르자치구에서 생산된 면화를 사용했다는 이유로 일본 패션 브랜드 유니클로 셔츠를 수입 금지했다. 2021년 5월 미국 관세국경보호청은 신장생산건설병단이라는 곳에서 생산한 유니클로 셔츠를 로스앤젤레스 공항에서 압수했다. 미국 관세국경보호청은 신장에서 생산된 제품 중 인권침해 관련성이 의심되는 선적을 억류할 수 있는 명령도 발표했다.

공급망 내의 협력사로 인한 거래 단절이나 경영 지연은 미국과 중국만의 문제가 아니다. 유니레버는 ESG의 모범사례로 늘 꼽히는 회사이다. 그런데 그 유니레버가 정작 공급망의 문제로 사업구조 조정이 암초를 만났다. 차茶 브랜드로 유명한 립톤 브랜드를 보유한 유니레버는 에카테라라는 독립회사를 만들어 차 생산과 대규모 농업 농장을 운영하고 있다. 그런데 에카테라는 2007년 자사가 소유한 케냐 농장에서 발생한 피해에 대해 근로자들에게 적정한 보상을 못했다는 이유로 영국에서 소송까지 걸린 바가 있다. 이런 문제로 에카테라의 매각이 난항을 겪었다.

협력업체의 ESG 리스크가 원청기업에게 직격탄이 되는 경우도 있다. 2022년 3월 일본 '고지마 프레스 공업'이란 회사가 시스템

장애를 일으켰다. 이 회사에 컴퓨터 바이러스가 침입하였고, 협박 메일이 발견되면서 장애는 사이버 공격으로 판명이 났다. 이 회사의 사이버 보안이 심각한 문제를 일으킨 것은 이 회사가 바로 도요타 자동차에 자동차 내외장재를 공급하는 회사였기 때문이다. 도요타 자동차는 협력사의 바이러스가 도요타 공장 전체에 퍼질 것을 우려해 일본 내 모든 공장의 가동을 중단시켰고, 이날 생산을 못한 자동차 수만 해도 1만대가 넘었다.

닛산자동차와 혼다자동차는 해외 공장에서 사이버 공격을 받았지만 도요타처럼 협력사를 통한 대규모 우회 공격은 처음이었다. 이제 원청기업과 협력업체는 더 이상 갑을관계가 아니라, 공생하고 공존해서 리스크를 해소하고 ESG 역량을 갖추어야 하는 관계이다.

K-ESG 가이드라인에서는 대기업의 사회적 책임 실현을 위해 '협력사 ESG 경영' 항목이 있다. 본 항목은 '조직이 협력사가 직면한 ESG 리스크를 인지하고 있는지, 협력사에 잠재되어 있는 ESG 리스크가 조직에게 전이되는 상황을 미연에 방지하기 위해 노력하고 있는지 확인하고, 조직이 협력사 ESG 리스크 관리 체계를 구축하고 있으며, 해당 관리 체계에 따라 실제 협력사 ESG 리스크를 진단-실사-개선하고 있는지 점검하기 위한' 목적이다. 가이드라인에서 정의한 핵심 협력사는 다음과 같다.

- 핵심 원부자재 및 서비스를 공급하는 협력사
- 대체불가능한 원부자재 및 서비스를 공급하는 협력사
- 구매 또는 거래금액이 높은 협력사
- 조직에 대한 의존도가 높은 협력사
- 장기간 거래관계에 있는 협력사
- 기타 조직과 신뢰관계가 형성된 협력사

위의 핵심 협력사들에 대해 대기업 등은 가이드라인에 따라 진단-실사-개선으로 이루어지는 ESG 리스크 관리 체계를 점검하길 권고 받고 있다.

- **협력사 ESG 리스크 진단**  조직의 협력사 중 ESG 리스크에 직면해 있거나, ESG 리스크가 잠재되어 있는 협력사를 파악하기 위함이다.
  협력사에 잠재해 있거나, 직면한 ESG 리스크는 (1)협력사가 위치한 지역, (2)협력사가 속한 산업, (3)협력사의 사업규모, (4)협력사의 사업운영 방식, (5)협력사가 제공하는 재화와 용역에 따라 상이할 수 있다. 일반적으로 협력사 ESG 리스크 진단은 서면 또는 온라인 형태의 설문서를 통해 실시된다.

- **협력사 ESG 리스크 실사**  리스크 진단을 통해 확인한 잠재·직면 리스크 중 사업적·사회적으로 상당한 영향력을 끼치는 고위험 리스크를 확인하는 과정이다.
  리스크 진단 결과, 고위험으로 추정되는 ESG 리스크에 대해 현장을 직접 방문하여 리스크의 사실관계 여부를 평가하는 방식으로 진행된다. 일반적으로 협력사 ESG 리스크 실사는 현장에서 문서 등 자료를 검토하거나, 관련 구성원을 대상으로 인터뷰 하는 방식으로 실시된다.

- **협력사 ESG 리스크 개선**  리스크 진단 및 실사 결과, 조직에 상당한 영향력을 끼

치나, 향후 영향력을 끼칠 것이라고 확정한 ESG 리스크에 대해 개선하는 행위이다. 단기간 내 개선 가능한 리스크는 협력사와 공동으로 즉시 개선할 수 있으며, 중장기적 시간이 필요한 경우에는 구체적 개선계획을 수립해야 한다.

---

대기업 혹은 원청기업 입장에서는 협력사의 ESG 리스크를 미연에 방지하고, 그 리스크가 대기업 혹은 원청기업으로 전이되지 않도록 하는 또렷한 목표가 있다. 협력사의 ESG 리스크가 바로 원청기업이나 거래기업의 리스크이고, 그 리스크로 자칫 원청기업조차 투자를 받지 못하거나 규제에 걸릴 수도 있기 때문이다.

하지만 대기업이 협력사의 ESG 경영을 실사하는 것은 협력사에게 자칫 부담이 될 수 있다. 중소·중견기업인 협력업체는 대기업의 실사에 따라 ESG 경영을 추가하거나 실행해야 하는 부담이 있다. 이러한 추세는 국내에만 한정되지 않는다. 애플 등의 기업도 삼성전자 등에게 재생에너지 100%를 사용하길 요구하고 있는 것이 그런 예이다.

그렇다면 중소·중견기업 경영진은 어떻게 ESG 경영을 구현할 수 있을까? 가이드라인에 따르면 대기업 혹은 원청기업은 협력사와 ESG 협약사항을 점검하고 지속가능하게 협력사 ESG 지원 의지를 확인하도록 되어있다. 협력사에 대한 ESG 지원 협약 사항은 가이드라인에 따르면 다음과 같다.

▶ 교육지원

ESG 관련 품질관리, 안전보건, 외국어 교육, 직무 및 정보화역량 강화 교육 등

▶ 기술지원

ESG 관련 특허개방, 공동 기술개발, 기술자료 임치 지원 및 기술보호 등

▶ 금융지원

ESG 관련 성과개선 인센티브 지급, 상생펀드 운영, 납품단가연동제 도입 현황 등

▶ 인허가 지원

ESG 관련 각종 대내외 인증서 취득, 검증의견서 발행에 필요한 제반업무 등

▶ 설비 및 장치 지원

친환경, 또는 스마트 설비 신규 설치, 산업용 장치 구조적 개선 등

20대 대선 공약에서도 중소·중견기업에 대한 대기업의 ESG 경영 지원은 강조되었다. 여당의 공약에 따르면, '대기업이 협력 중소·벤처기업 등에 ESG 경영 역량과 기술 협력을 촉진'하도록 하겠다고 되어 있고, 'ESG 관련 다양한 대·중소·벤처기업 공동사업 프로그램 마련 및 추진'을 하겠다고 되어있다. 필자 역시 언론에서 다음과 같은 의견을 피력한 바 있다.

'문성후 한국ESG학회 부회장은 "대기업이 협력사의 ESG를 관리하는 것에 대해 경영 개입이나 간섭 등으로 보일 소지가 염려된다"며 "중소·중견기업을 위한 금융기관, 특히 기업은행과

같은 곳이 적극적으로 ESG 컨설팅 관리를 도와야 한다"고 제안했다. 특히 ESG 전문인력이 부재한 중소·중견기업에 필요한 것은 '교육'이라고 강조했다. 문 부회장은 "먼저 자가진단의 방법을 통해 자사 ESG에 대한 현주소를 확인하게 한 뒤 개선이 가능한 것, 시급한 것을 중심으로 금융기관이 전문 상담사를 통해 방향을 제시해주는 것이 중요하다"고 짚었다.'
(이투데이, 2022.2.27.)

자금과 인력이 부족한 중소·중견기업은 여당의 공약과 정부의 방침 등을 잘 활용하여 대기업으로부터 ESG 지원을 잘 받을 수 있는 방안을 협의하길 권한다. 대기업이나 금융기관도 자사의 ESG가 협력사의 ESG 경영을 지원하는 것까지 포함됨을 명심하고, ESG의 틀로 상생을 도모하길 바란다.

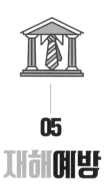

## 05
## 재해예방

## 1_ 직원의 안전과 건강

ESG의 S<sub>사회</sub>에서 중요시하는 항목은 '일터의 안전과 직원의 건강'이다. 그간 '주주 제일주의' 시대에 무시되었거나 금전으로 보상되었던 안전과 건강<sub>safety and health</sub>이 이제는 사회적으로 중요한 항목이 되었다. 그런데 한국에서는 무서운 법으로 먼저 다가왔다. 법명에도 '처벌'이라는 단어가 들어갔다. '중대재해처벌법(이하 '중처법'이라 함)'이다. 명칭이라도 '중대재해예방법'이나 '직원안전보호법'이라고 했으면 좋았을 것이다. 한국에서는 아쉽게도 안전과 건강은 공포스러운 법령으로 시작되었다.

필자는 철강, 자동차 산업에 종사한 기간이 10년이 넘는다. 그

기간 동안 국내외 많은 협력업체인 중소·중견기업을 가보았다. 그 작업공정은 열악한 경우도 많았고, 보기에도 아슬아슬하리만치 직원들의 작업은 위험한 경우도 있었다. 이러한 재해를 예방하기 위하여 법까지 만들어진 것은 찬성한다. 하지만 이 법의 가해자로 지목되는 중소·중견기업들의 대표들 역시 부당한 법적 책임으로부터 보호받아야 할 대상이다. 중대재해가 발생되면 경영자는 가해자로 추정되고, 근로자는 피해자로 추정되는 '일방적 가정假定'이 본 법의 취지는 아니었을 것이다. 이제부터 본 법에서 경영진이 해야 할 의무를 살펴, 근로자를 더 보호할 수 있는 방법을 제시하겠다. 중대재해법 분석을 두고 혹자는 경영자들이 면피할 방법만 찾고 있다고 비난하지만, 우선 법을 지키고 그 법에 따라 재해를 예방하는 것이 더 중요하다.

필자가 인명을 경시하거나 산업재해를 가벼이 보지 않는다는 점은 분명히 밝힌다. 필자는 실제로 기업에 재직할 때 불행한 산업재해를 적잖이 목격하였다. 만약 기업이 불법과 위법으로 재해를 일으켰다면, 예외 없이 엄중하게 처벌받아야 한다. 재해와 관련된 임직원들도 결코 회사의 보호막 속에 숨어서는 안 된다. 개인도, 회사도 법에 따라 끝까지 책임져야 한다.

# 2_ 주요 내용

## ● 개요

중처법은 의무 주체는 사업주와 경영책임자이다. 보호 대상은 종사자<sub>근로자, 수급인, 수급인의 근로자 등</sub>이다. 법의 적용 대상 기업은 우선 5인 미만 사업장은 제외되고, 50인 이상의 기업부터 적용된다. 50인 미만 사업장 혹은 공사금액 50억 원 미만 건설현장은 2024년 1월 27일부터 적용대상이 된다.

재해 정의는 사망자가 1명 이상이거나 동일한 사고로 6개월 이상 치료가 필요한 부상자 2명 이상, 혹은 동일한 유해 요인으로 급성중독 등 직업성 질병자 1년 내 3명 이상일 경우를 말한다. 처벌 수준은 경영책임자나 사업주 개인에게는 재해가 사망시에는 1년 이상 징역 또는 10억 원 이하 벌금형에 처해지고, 안전·보건 조치 위반시에는 7년 이하 징역 또는 1억 원 이하 벌금형에 처해지도록 되어있다. 법인 즉 회사에는 사망시에는 50억 원 이하의 벌금, 부상 질병시에는 10억 원 이하의 벌금형에 처해지도록 되어있다.

일단 중대재해에 속하는 사고가 발생하면 사업주나 경영진은 안전의무를 충실히 했고, 사고와 회사가 무관함을 입증해야 한다. 최근 언론에 보도된 '중대재해처벌법 벌칙 해설<sub>대검찰청 발간</sub>'에 따르면 다음과 같은 사례의 경우는 안전조치가 미흡해서 사망했어도 무죄라는 내용을 담고 있다.

---

▲인적 요인(근로자의 무의식적 행동·착오·피로 등), ▲설비적 요인(기계·설비의 설계상 결함 등), ▲작업·환경적 요인(작업 방법의 부적절성 등), ▲관리적 요인(관리조직의 결함·규정 매뉴얼의 불비 등)의 경우에는 안전조치가 미흡했어도 현장 책임자 등에게 무죄를 선고한다.(2022.3.10, 매일경제 기사 참조)

---

## ● 경영책임자와 안전보건관리체계

중처법에서 규정된 '경영책임자'란 사업을 대표하고 사업을 총괄하는 권한과 책임이 있는 사람 또는 이에 준하여 안전보건에 관한 업무를 담당하는 사람이다. 그래서 대표이사가 책임을 면하고자 최고안전책임자CSO:Chief Safety Officer를 새로이 임명하는 추세이다.

그런데 최고안전책임자를 임명하였다고 해서 대표이사의 책임이 완전히 면제된다는 것은 아니라는 게 고용부의 의견이다. 즉 둘 다 책임질 수 있다고 보고 있다. 이른바 '바지 사장'을 내세워 최고안전책임자로 임명하고 대표이사가 책임을 피하려는 꼼수를 부린다는 비난도 거세지고 있다. 최고안전책임자든 생산본부장, 건설 본부장이든 실질적으로 오롯이 재해의 책임자로 볼 것인지가 앞으로 많은 법정 공방이 있을 것이다.

안전보건관리체계란 '공정안전관리제도Process Safety Management:PSM에

준하는 것이며 산업안전보건법에 규정되어 있고, 사고를 예방하도록 감시하고 평가하는 시스템'을 말한다. 사업주 혹은 경영책임자는 안전보건관리체계를 구축하고 이행에 대한 조치를 해야 한다. 이러한 의무 등을 소홀히 해서 중대재해가 발생하면 그때 사업주나 경영책임자가 책임을 지는 것이 중처법의 구조이다.

## ● 직장 내 괴롭힘도 중대재해인가?

직장 내 괴롭힘에 따른 극단적 선택도 중처법 적용 대상이 될 가능성이 높다. 직원이 직장에서 괴롭힘으로 인해 극단적 선택을 하였을 경우도 사업주가 책임을 져야 한다는 뜻이다. 직장 내 괴롭힘은 무엇일까? 직장 내 괴롭힘이란 사용자 또는 근로자가 직장에서 지위나 관계 등의 우위를 이용하여 업무상 적정범위를 넘어 다른 근로자에게 신체적, 정신적 고통을 주거나 근무환경을 악화시키는 행위를 말한다.

직장 내 괴롭힘의 조건은 직장에서 지위나 관계가 높은 사람이 업무상 범위를 넘어서 고통을 주거나 근무환경을 악화시키는 것이다. 반대로 말하면, 직장에서 지위나 관계가 낮거나, 업무상 범위 안에 있거나, 고통을 주지 않거나, 근무환경을 악화시키지 않았다면 직장 내 괴롭힘의 요건이 안 된다. 이른바 '직장 갑질'이 대표적인 직장 내 괴롭힘이고, 고통 외에도 따돌림을 시키거나 면벽

하여 근무를 하게하거나, 업무를 배정하지 않는 것도 모두 괴롭힘이 될 수 있다.

이를 예방하는 방법은 두 가지이다. 첫째는 경영진이 기업문화를 각고의 노력으로 개선해야 한다. 필자는 '커뮤니케이션' 전문가로서도 직장에 강연을 하고 있다. 하급 직원들의 진솔한 얘기를 들어보면 대기업이든 중견기업이든 부족한 상사나 윗사람 때문에 인간적인 굴욕부터 성장 기회 박탈 등 하급직원이 당하는 많은 피해를 접하게 된다. 물론 요즘은 MZ세대와의 갈등이라고 해서 기성세대를 꼰대라고하며 오히려 기성세대와 소통이 안 되는 직원들도 있을 수 있다. 그러나 직장은 위계질서가 있으니, 그 질서 안에서 더 책임을 지고, 더 성숙하고, 더 존중과 배려를 해야 하는 사람은 당연히 상사이다. 나이나 세대의 문제가 아니다. 상사란 권한이 더 있고, 책임이 더 있는 자리이기 때문이다. 직장 내 괴롭힘이라는 직장재해를 예방하기 위해서는 우선 기업문화의 개선과 리더들의 의식 변화가 최우선이다.

두 번째는 충실한 고충처리제도와 격의 없는 소통 창구 상설화가 필요하다. 직원들의 정신 건강을 위하여 고충처리제도를 활성화하고, 필요하다면 상담전문가를 주기적으로 근무하도록 하여 직원들의 정신건강을 챙기는 것이 중요하다. 직장 내 괴롭힘이라는 것이 결국 시작은 직장에서 만나게 된 사람 때문에 시작된 문제인지라 직장 내 갈등 해소와 이견조정, 인간관계 개선이 결국 중요한 과제이다. 단순히 재해의 문제가 아니라 생산성까지 연결되므로, 직장 내 원활한 소통을 위하여 교육을 실시하고, 경영진이 최하급직원까지 직접 목소리를 듣는 자리를 상설화하길 권한다.

## 3_ 중대재해처벌법의 순기능

고용부 산업재해통계에 따르면 2020년 산업재해로 사망한 근로자는 2,062명이다. 인명은 무엇과도 바꿀 수 없다. 중처법이 시행된 이후 기업들이 어려운 현실에도 불구하고 각고의 노력을 기울이고 있음을 여러 군데서 발견할 수 있다. 공장에 CCTV를 이곳저곳 설치하고, 안전 전문 인력을 배치하고, 엄격하게 안전수칙을 준수하도록 하는 것 등이다. 기업들은 '아차사고near miss'를 방지하도록 규칙을 강화하고, 무관용의 원칙이나 삼진아웃제를 적용하여 임직원들과 협력업체의 의식을 개선하고 있다.

내부적으로 안전지침도 정비되고, 공정도 재검토하는 과정에서 안전 환경이 보강되고 있으며, 디지털화를 통해 고위험 작업도 무인無人으로 대체되는 등 긍정적인 면이 많이 보이기 시작했다.

필자는 철강, 자동차 등 제조업에서 법무를 오랫동안 담당해왔다. 기업은 '예방 법무preventive compliance'라고 하여 특별법 등이 제정되면 기업이 그 위반을 예방하고 선제적으로 대응할 수 있는 조치를 강구하는 것이 일반적이다. 기업이 로펌을 찾아가서 어떻게 중처법에 대응하는 것이 좋을지 문의하는 것도 그런 맥락이다. 물론, 예방보다 면피를 하고자 한다면 그런 조치는 잘못된 것이나, 예방을 위해 실행을 도모한다면 그런 조치는 노사 양측에게 모두 도움이 된다. 회사도 부당한 책임으로 경영활동이 위축되지 않고, 오히려 근로자들을 위해 자원을 집중하여 안전을 효율적으로 강화할 수 있을 것이다.

앞으로 중처법이 시행되면서 산업재해와 경영자의 안전의무위반 간의 인과관계가 있는지, 면책사유가 적용될지 등에 대해 많은 다툼이 있을 것으로 전망된다. 우선 기업들은 이러한 위험에 노출되지 않도록 노사 양측이 합심하여 안전보건관리 체계를 갖출 것을 권한다. 경영책임자가 중대재해처벌법에 따라 수행할 의무만 해도 법상으로는 ▲안전보건관리 체계 구축 이행, ▲재해 발생시 재발 방지 대책 수립 이행 ▲중앙 행정기관·지장자치단체가 명한 사항의 이행 ▲안전보건 관계 법령상 의무 이행에 필요한 관리로 총 4가지이다. 이에 근거해서 시행령 제 4조와 5조에서 규정한 의무사항은 총 15가지이다. 즉, 경영책임자가 중대재해법상 수행할 의무는 15개나 된다.

필자는 기업이 중대재해를 방지하고 안전한 직장, 건강한 일터를 만들기 위해서는 반드시 '국제표준 안전보건 경영시스템'ISO45001을 취득하길 권한다. 본 표준은 기업이 작업 현장과 공정을 스스로 점검하고 보강하고 개선하는 가이드라인이자 임직원들의 의식도 개선하는 계기가 될 것이다.

## 4_개선 내용

### ● 법령 개정

정책 당국은 중소기업들이 왜 중처법을 준수하기 어려운지 밀착하여 그 문제를 해결하는데 집중해야 한다. 대상 기업들이 아예 지키지 못할 법을 만들어 범법자를 양산하고 산업을 위축시키는 것은 중처법의 취지가 아닐 것이다.

2021년 10월 중소기업중앙회와 한국경영자총협회가 발표한 '중대재해법 기업 실태조사'에 따르면 314개 기업의 47.1%가 의무내용이 불명확하여 무엇을 어떻게 해야 할지 모르겠다고 답하였다. 법을 몰라서 아예 법을 지키기가 어렵다는 것이다. 법령이란 자세할수록 이해하고 준수하기 쉽다. 반면 선언적인 법령일수록 해석의 여지도 많고 자기도 모르게 위반하는 경우까지 생긴다. 대표적으로 헌법이 선언적인 법령이다. 그런 경우는 판례와 실제 관행에 따라 판례법이나 관습법이 생기기 마련이다.

선언적인 법들을 '원칙기반 principle based', 구체적인 법들을 '규칙기반 rule based'이라고 부른다. 예를 들면 '음주운전을 하지 마시오. 술을 마시고 운전하면 벌을 받습니다'라는 법은 원칙기반이고, '알코올 농도가 0.05% 이상이면 면허 정지가 됩니다'라는 법은 규칙기반이다. 중처법은 원칙과 규칙이 섞여 있어 법령 해석에 상당한 논란의 소지가 있다. 반면 의무도 과중하고 고의·중과실에 대한 면책 규정은 없어 경영자들에게 준법의식보다 공포감과 불안감을 안겨주는 면이 있다.

중소 제조업체는 책상에서 바라보는 것보다 실제로는 훨씬 자금과 인력이 부족하고, 웬만한 중소기업도 매일 살얼음을 걸으며 산다고 해도 과언이 아니다. 공장 문을 닫고 사업주가 파산해서 길거리 나 앉는 데는 일주일도 안 걸릴 수 있다. 그래서 정책 입안자들은 중소기업의 자금과 인력에 대해서는 훨씬 현실적으로 생각해야 한다. 위 보고서에 따르면 중소 제조업체들은 '전문성 부족(24.5%), 준비기간 부족(31.2%), 안전투자비용의 과도한 필요(28.0%)' 등을 중처법 준수의 어려움으로 꼽고 있다. 중처법에 있어 가장 중요한 숙제는 중소기업의 현실을 반영하여 '실행가능' 하도록 법을 개선하는 것이다.

이미 중처법이 위헌 심사 대상이 될 수도 있다는 말이 들려온다. 처벌하고자 하는 행위의 요건이 불명확하고, 행위에 비해 법정형이 과도하며 사고의 인과관계에 따라 책임을 저야하는데 이러한 부분이 상당히 모호하다는 점에서 논란이 되고 있다. 하루빨리 중처법은 보완 입법이 필요하다.

## ● 구조 개선

한국이 특별법을 제정할 경우 외국 선진법 사례를 많이 든다. 하지만 상황이 선진국과 일치하지 않는 경우가 많다. 한 예로 선진국에서는 발주기관은 발주와 함께 공사 진행에 필요한 일들을 먼저 해결하고 건설사는 공사만 하면 된다. 그러나 한국에서는 경우에 따라 건설사가 용지보상부터 일체 제반작업을 모두 해야 되고, 그러다 보면 건설사 본연의 업무가 아닌 업무를 하느라 납기에 쫓기게 된다. 건설사는 납기를 맞추기 위해 무리한 공사를 하게 되고, 이는 결국 안전보다 속도가 우선인 작업 문화를 만들게 된다. 한국도 건설사는 공사에만 집중할 수 있도록 발주기관, 특히 지자체나 공공기관은 선결 문제들을 완전히 해결하는 역할을 하고, 건설사는 오직 건설작업만 하게 해야 한다.

2021년 말부터 건설공사 참여자 모두에게 권한에 상응하는 안전관리 책임을 부여하는 '건설안전특별법'이 논의되고 있다. 본 법에 따르면 발주자는 공사비용과 기간의 적정성 여부에 대해 인허가 기관장에게 검토를 받아야 한다. 건설안전특별법의 특징은 공사 참여자 모두에게 연대책임을 부과한다는 것이다. 특히 중처법에서 제외된 발주자에 대한 처벌이 포함되어 있다. 중복 과잉 규제라는 비판을 피하려면 우선 발주자와 시공사의 역할을 정확히 규정하고, 이에 따라 각자의 범주에 맞는 책임을 지도록 정비부터 해야 한다.

### ● 제도 보완

중처법 시행령에 따르면 50인 이상 기업은 무조건 '산업안전전문인력안전관리자'를 두거나 외부 전문기관에 관련 업무를 위탁해야 한다. 안전관리자란 산업안전기사 등의 자격을 갖추거나 일정 교육 및 경력기준을 갖춘 안전전문가를 뜻한다.

50인 이상 기업이 한국에는 3만여 개이다. 안전관리자가 이 3만여 개 기업에 골고루 배치되면 중처법 준수에는 어려움이 없을 것이다. 그러나 문제는 일부 중소기업의 경우 재해 발생 가능성이 높아 안전관리자들이 회피하는 기업들일 수 있다는 것이다.

그렇다고 해서 정부가 이들을 50인 이상 기업에게 강제로 근무시킬 수는 없다. 즉, 수요와 공급의 심한 불균형이 일어날 수 있다. 외부 전문기관에 위탁할 경우 비용이 엄청나서 중소기업은 그 비용을 감당하기 어려운 경우도 부지기수다. 정부가 법을 만들었다면, 현실을 감안하여 수요와 공급의 조절, 제도적 장치 마련 등의 후속 작업을 해서 중소기업에게 숨통을 터줘야 한다. 안전은 단순히 의지와 선의만으로 되는 것이 아니다. 돈이고 현실이다. 규칙만 만들어 기업을 '오징어게임'에 몰아넣어선 안 될 것이다.

### ● 보험 보장

최근 금융당국이 중대재해법 책임보험이 법 취지에 맞지 않는다는 이유로 출시되지 못하고 있다는 보도가 있었다. 보험사의 보장 내용은 중대재해가 발생하여 사업주나 경영책임자가 손해배상책임을 지게 되면 손해배상금을 보상해주거나 민사소송이 제기되면 소송비를 보장해주는 내용이라고 한다.

그런데 금융당국은 두 가지 이유로 중처법 책임보험 출시를 반대하고 있다. 첫째는 고의로 보험계약자가 발생시킨 사고까지 보험사가 책임져서는 안 된다는 의견이다. 맞는 말이다. 하지만 중처법이 고의와 중과실을 구분하지 않아 중과실로 인한 사고까지 보험 보상을 못 받게 되는 것은 중처법 자체의 문제이지 보험계약자의 귀책은 아니다. 두 번째 이유는 보험사의 책임 보상이 노동자의 안전한 근로환경 조성을 위한 법 취지에 어긋난다는 뜻이다. 필자도 보험법 석사를 취득하였고, 보험 감독 업무를 했다. 보험회사가 돈을 버는 이유는 보험에 가입한 사람이나 기업은 보험금을 타기 위해 도덕적 해이를 보이는 것이 아니라 오히려 더 사고에 조심하기 때문이라는 말이 있다. 그래서 보험회사는 받은 돈보다 나가는 돈이 적어 결국 돈을 벌게 된다는 통계적 논리이다. 중처법은 근로자의 안전과 건강을 보호하기 위한 행정법률이지, 국민정서법이 아니다. 기업은 위험성 평가를 하고 각 위험에 맞는 대처 방안을 세워 기업의 이해관계자를 보호해야 한다. 그것이 ESG이다.

위험에는 4가지 종류가 있다. 위험의 크기가 크고 발생확률도 높을 때, 위험의 크기가 크지만 발생확률이 낮을 때, 위험의 크기가 작고 발생가능성이 높을 때, 위험의 크기도 작고 발생가능성도 낮을 때이다. 중대재해 발생으로 인한 기업의 위험도는 어디에 속할까? 필자의 생각에는 법이 얼마나 적정하게 운영의 묘를 발휘하는가에 따라 첫째 혹은 둘째에 속할 것이다. 확실한 것은 위험의 크기는 일단 발생하면 경영자와 근로자 모두에게 크다는 것이다. 위험의 크기가 크면 기업이 위험을 헷징하는 대표적인 방법이 바로 '보험'이다. 보험으로 기업 자체가 모두 감당하지 못할 위험을 보완적으로 회피하고, 적정한 손해를 배상하는 것이 기업이 할 수 있는 차선책이다. 최선책은 기업이 그러한 위험을 발생하지 않도록 최선의 사전 조치를 다하는 것임은 말할 것도 없다. 만약 회사가 리스크를 보험으로 헷징하지 못하도록 한다면 그 손해는 고스란히 이해관계자들에게 넘어 갈 것이다.

　기업의 주주들은 늘 리스크에 노출되어 있는 기업에 당연히 투자를 안할 것이고, 종업원들은 사고가 발생되어도 기업의 배상능력 부족으로 인하여 기업이나 경영진의 형사책임 외에 보상받을 길이 없어질 수도 있다. 그러니 보험당국은 중처법 책임보험을 허가하여 기업과 근로자의 리스크를 회사와 금융기관이 합심하여 해결하도록 하는 것이 바람직하다.

# 06
# 주주 관여

## 1_개요

ESG를 보다보면 눈에 띄는 단어가 하나 있다. '인게이지먼트 engagement'라는 단어다. 네이버사전에 찾아보니 '약혼, 약속, 교전'이 란 뜻이다. 동사 '인게이지engage'는 '관심을 사로잡다, 고용하다, 관 계를 맺다'라는 뜻이다. 흔히 ESG 덕분에 주주 제일주의에서 이 해관계자 자본주의로 바뀌었다고 말한다. 그런데 이해관계자 자 본주의라는 말에는 묘한 뉘앙스가 있다. '주주 제일주의'에서 벗 어났다고는 하지만 여전히 이해관계자는 '도구적 이해관계자 instrumental stakeholder'의 개념으로 주주들이 돈을 벌기위해 신경 써야 하는 존재로 인식되고 있다. 즉, 이해관계자들도 일종의 자본이고, 결국은 기업의 장기 수익성을 올리는 것이 가장 중요하다는 것이다.

ESG는 세계적인 자산운용사 블랙록에서 밀어붙이는 경영요소이다. 유니버설 오너라 불리는 대형투자자들이 촉발한 요소가 ESG이고, 당연히 주주들의 목소리는 더욱 커졌다. 블랙록 회장 래리 핑크는 ESG의 전도사라고 불리며 전 세계적으로 약 1경원의 자산을 운용하는 가운데 ESG를 실천하는 투자자이다. 그런데 그조차도 ESG는 돈을 버는 것이라고 말하고 있다. 그는 매년 주주들에게 CEO서한을 보내는데 2022년 서한에서는 이렇게 말했다.

---

이해관계자 자본주의는 정치적인 논의가 아니며 사회적, 이념적 논의도 아닙니다. 소위 '깨어있음woke'에 대한 고집도 아닙니다. 단어 그대로 자본주의이며, 귀하와 귀사의 번영에 영향을 미치는 직원, 고객, 거래처, 지역사회와의 상생 관계로부터 추진력을 얻는 것입니다. 이것이 자본주의의 힘입니다.

오늘날과 같이 전 세계가 밀접하게 연결된 상황에서 기업이 주주에게 장기적 가치를 제공하려면, 모든 이해관계자를 위해 가치를 창출하고 모든 이해관계자가 그 가치를 인정해야 합니다. 효과적인 이해관계자 자본주의를 통해 효율적인 자본 배분이 이루어지며 기업들이 장기적으로 지속 가능한 수익성을 확보하고 장기적인 가치가 창출되고 유지되는 것입니다.

다만 분명히 말씀드리고 싶은 부분은 정당한 이익 추구가 여전히 시장에 활기를 불어넣으며 장기 수익성이야말로 시장이 기업의 성공을 판단하는 궁극적인 척도라는 점입니다.

자료 : https://www.blackrock.com/kr/2022-larry-fink-ceo-letter

---

이런 맥락에서 여전히 블랙록을 비롯한 대규모 자산운용사와 해외 연기금들은 ESG 경영을 요구하되, 동시에 장기 수익을 추구하며 착한 기업보다는 '돈을 잘 버는 지속가능한 기업'을 원하고 있다. 그들은 단순히 투자자로 머물지 않고, 이제는 적극적으로 투자 기업에게 많은 사항을 요구하고 있다. 그들은 회사와 약혼하고, 약속을 하고, 때로는 교전도 하면서 기업에게 ESG 경영을 재촉한다. 앞으로 이러한 추세는 투자자를 넘어서 대출기관 등 금융기관 전반에 확산될 것이다.

## 2_ 주주행동주의

주주가 단순히 의결권행사로 배당이나 타가던 시절은 점차 지나가고 있다. 이제는 조그만 기업에 소액주주라고 해도 자신의 지분에 걸맞은 권리를 정당하게 행사하고 경영에 영향을 끼치고자 한다. 이를 '주주행동주의'라고 한다. 한국도 2021년 1월에 개정된 상법은 몇 가지 조항을 강화하였다. 대표적인 것이 '다중대표소송'이다. 모회사 주주가 자회사 이사를 상대로 대표소송을 제기할 수 있게 한 것이다. 여러 자회사들을 지배하고 있는 지주회사의 주주가 소액주주 비상장사 1%, 상장사 0.5%, 6개월 이상 보유라 하더라도 자회사의 경영에 대해 소송을 제기할 수 있게 되었다. 그러니 자회사들은 자사의 소액주주뿐만 아니라 지주회사의 소액주주들까지 신경 쓰며 경영을 하게 되었고, 소액주주들도 행동의 반경이 넓어졌다. 그 외에도 감사위원 선출시 최대주주 및 특수관계인 의결권을 3%로 제한하거나, 전자투표제를 도입하는 등이 그 예이다.

해외에서는 행동주의 주주들이 법률상 권리를 통해 적극적으로 주주권을 행사하고 있다. 네덜란드 공적 연금은 필립모리스를 비롯해 100여개가 넘는 기업에 무기 제조 등을 이유로 투자를 배제하였고, 노르웨이 은행투자운영회는 환경파괴 등의 이유로 역시 에너지 회사에 투자를 배제하였다. 세계 3대 자산운용사 중 하나인 뱅가드Vanguard는 차이나모바일 등이 중국 군수 관련 기업이라는 이유로 주식을 매각하기도 하였다. 이렇게 기업들이 ESG 경영을 이유로 투자를 하지 않거나, 투자를 회수하는 것은 이제 당연하다.

옥스퍼드대학교의 로버트 에클스 교수 등이 공동으로 2019년 5월에 하버드 비즈니스 리뷰에 게재한 논문 '투자자 혁명'에는 ESG 기준에 따라 어떻게 투자할 것인지 주주들에게 다음과 같이 알려주고 있다.

이 연구에 따르면 투자자들이 ESG 경영을 못하거나 안 하는 기업에 투자를 배제하면 기업 리더들은 투자자의 움직임에 발맞추 지속가능 투자는 무엇인가? 지속가능 투자는 조합할 수 있는 전략 메뉴들로 이루어져 있습니다. 여기 일반적인 7가지 공통점이 있습니다.

- 네거티브·배제적 스크리닝
: 반대할 것으로 예상되는 산업이나 국가의 회사를 배제하는 것
- 규범 기반 스크리닝
: UN Global Compact의 10대 원칙과 같은 일부 규범을 위반하는 회사들을 배제하는 것
- 포지티브·동종 최상 기업 스크리닝
: 특히 강력한 ESG 성과를 보이는 기업을 선정하는 것
- 지속가능성 투자
: 깨끗한 물 또는 재생 가능한 에너지에 대한 접근에 초점을 맞춘 투자
- ESG 통합 : 기본적인 분석에서 ESG 요소들을 포함하는 것
- 적극적인 오너십 : 포트폴리오 회사에 깊이 관여하는 것
- 임팩트 투자
: 여전히 시장 이익을 거두면서도 ESG에 긍정적인 영향을 주는 기업을 찾는 것

기업 리더들은 변화를 준비할 때 변화를 구동하는 원동력이 무엇인지 인식하는 것에 포인트를 맞춰야 합니다. 일단 투자자들이 왜 ESG 이슈에 관심이 많은지 이해하면, 기업 리더들은 주주들을 위한 장기적인 가치를 극대화하기 위해 변화할 수 있습니다.

어 결국 ESG 경영을 할 수밖에 없을 것이라고 한다. 주주나 투자자들이 또렷하게 ESG 경영을 강조하면 기업 리더들은 처음에는 저항이 있을 수 있으나 타율적으로라도 따르게 될 것이니, 주주와 투자자들은 자신들이 지향하는 바를 돈으로 표방하라는 취

지가 숨어있다. 특히 위 내용 중 '적극적인 오너십<sub>포트폴리오 회사에 깊이 관</sub>여하는 것'은 주주관여의 강력한 실행을 뜻하고 있다.

기업이 IR을 강화하던 시대가 있었다. 지금도 IR은 여전히 중요하다. 그런데 예전 IR은 기업의 재무성과와 미래 수익에 초점을 맞추었다. 재무보고서를 통해 숫자로 증명하면 주주들은 돈을 그 회사에 '태웠고', 회사는 그 돈으로 회사를 성장시킬 수 있었다. 지금 투자자나 주주들은 회사에게 '통합보고서'를 요구하고 있다. 재무성과와 비재무성과를 모두 담아 회사의 성장가능성을 보이라고 말이다. 우등생은 기본이고 모범생까지 되라는 주문이다. 그래야 인성에 문제없이 큰 인물이 된다고 판단한 것이다.

만약 회사가 과도하게 ESG를 하다가 손실을 입어도 행동주의 주주들은 용서할까? '다농<sub>Danone</sub>'이라는 프랑스의 유명한 식품기업이 있다. 이 회사의 대표 에마누엘 파베르는 다농을 이해관계자 가치를 중시하는 지배구조로 바꾸었고, ESG 경영의 모범사례로 꼽혔다. 하지만 블루벨 캐피털이라는 행동주의 주주는 2020년에 다농의 매출이 6.6% 감소하자 가차 없이 대표이사 에마누엘 파베르를 해임하였다. 그들은 인터뷰에서 이런 취지로 말하였다. '우리는 ESG를 비판한 적이 없다. 하지만 주주 이익을 희생시키면 안 된다'고 말이다. 여전히 주주들은 이익을 중요시하고 있고, 예전의 투자 결정 필터에 ESG를 하나 더 넣어서 장기 가치를 더 요구하고 있을 뿐이다.

주주 행동주의에 입각한 투자자들이 먼 얘기가 아니다. 그들이 바로 LG, SK, 삼성, 현대차 등 한국의 대기업에 투자하고 있는 거대 운용사들이다. 그들은 아무리 한국의 글로벌 기업이라 하더라도 자신들의 네거티브 필터에 걸리면 지체 없이 투자를 회수하거나 대출을 줄일 수 있는 거인들이다. 주주행동주의는 이렇게 가까이 와있다.

## 3_ 국민연금 대표소송

국민연금공단은 국민의 노후 보장을 위하여 연금을 잘 운용하여 높은 수익률을 올리고 국민이 연금 고갈로 걱정 없도록 안심하게 살 수 있게 해주는 것, 그것이 본연의 역할이다. 국민연금은 2018년 스튜어드십 코드국민연금 의결권 행사 지침을 도입하면서 '수탁자 책임전문위원회'(이하 '수탁위')를 설립하였다. 국민연금공단은 수탁자로서 선량한 관리 의무를 다하고, 투자 기업의 리스크를 견제하는 취지로 스튜어드십 코드를 도입하였다.

그런데 2022년 1월 국민연금공단이 '국민연금 기금 수탁자 책임 활동에 관한 지침 개정안'을 논의하면서 공단이 주식을 보유한 기업들에게 대표소송을 하려는 시도가 있었다. 대표소송은 강력한 주주관여 제도이다. 개정안의 내용은 수탁위가 ▲법령 위반 우려로 기업 가치가 훼손되거나 주주 권익을 침해할 수 있는 사안, ▲지속적으로 반대의결권을 행사했으나 개선이 없는 사안, ▲기후 변화 관련·산업안전 리스크 대응에 관한 사안, ▲이 밖에 기금운용위원장이 필요하다고 인정하는 사항 등 중점 관리 사안에 주주 제안을 할 수 있도록 하는 것이다.

이러한 시도는 여러 가지 면에서 문제가 있다. 우선 지침 내용이 무척 포괄적이며, 공단이 기업에 소송을 직접 걸 소인訴因이 되는지도 의문이다. 지침 내용을 그냥 보면, 위법 우려만으로 소송을 하고, 개선이 없다고 해서 소송을 하고, 기후변화와 산업안전과 같은 특정 사안만 뽑아 소송을 하고, 위원장이 필요하다고 판단하면 소송을 한다. 법은 포괄적이 될수록 자의적이 될 확률이 높고, 자의적인 법은 기업 경영의 유연성을 떨어뜨리게 된다. 이미 공단은 스튜어드십 코드에 따라 중점관리 사안을 정해놓고 기업들에게 비공개대화, 중점관리기업 지정, 주주 제안 등으로 단계적 압박을 실시하고 있다. 소송 만능주의에 입각한 과도한 소송은 기업들에게 결국 경영비용 증가를 가져올 것이고 이 비용에 대한 부담은 이해관계자 누군가에게 전가될 것이다.

이번 논의로 오죽하면 ESG의 모범이 되기 위해서는 국민연금공단부터 지배구조를 개선해야 한다는 말까지 나오고 있다. 연기금은 투자규모와 의결권 행사로 투자기업들의 ESG 경영을 독려하는 기관이다. 중소·중견기업들에게 국민연금공단의 섣부른 시도가 혹시라도 간접 피해가 가지 않을까 우려된다. 추후 계속 논의될 부분인바, 경영진은 늘 국민연금의 주주권 행사에는 관심을 두고 보아야 한다.

## 4_ 대기업과 금융기관의 지원 인프라

필자는 'ESG는 선행이 아니다'라고 주장한다. ESG는 도덕률도 아니다. ESG는 자선활동은 더욱 아니다. ESG는 투자자들이 돈을 더 벌면서 욕을 덜 먹는 방법의 최소 공배수이다. 주주들은 여전히 냉정하며 기업들에게 더 많은 노력을 요구하고 있다. 일부 돈에 대한 욕심을 비교적 덜 내는 투자자들도 있다. 그들을 '임팩트 투자자'라고 부른다. 하지만 임팩트 투자자들도 '기부'와 '투자'를 또렷이 구분하며, 최소한의 수익률을 거두는 조건 하에서 기업이 사회적으로 의미 있는 영향을 끼치는 경영을 허락한 것이다. 그들도 여전히 투자자이다.

중소·중견기업들이 주주행동주의에 집중해야 하는 것은 중소·중견기업이 직접 주주나 투자자들에게 압박을 받을까 해서가 아니다. 중소·중견기업의 주주들은 가족, 친척, 엔젤투자자들이 많아 행동으로 옮기는 주주 분쟁 혹은 반대 의결 등은 상대적으로 적을 수 있다. 하지만, 원청기업인 대기업 혹은 거래기업인 글로벌 기업들은 금융기관이나 투자자, 연기금 등에서 엄청난 ESG 압박을 받고 있고, 그 압박은 다시 중소·중견기업으로 더 강하게 전달될 수 있다. 그래서 중소·중견기업들은 자사가 거래하는 대기업들이 어떤 상황에 놓여있는지 함께 고민할 수밖에 없다. 투자자들이 만약 강한 ESG 경영을 요구한다면 그 조건에 부합하도록 중소·중견기업은 노력할 필요가 있다. 그 과정에서 대기업이나 원청기업은 상생협력 차원에서 자금과 인력, 컨설팅 등을 제공하는 것이 맞다. 금융기관과 투자자들 역시 대기업이나 원청기업을 압박하였을 때 이 압박이 어떻게 중소·중견기업에게 영향을 미칠지 세밀히 판단하고, 역기능이나 부작용이 발생하지 않도록 주주로서 섬세하게 관여해야 할 것이다.

# 07
# 노동이사제

## 1_ 개요

2022년 1월 11일 '공공기관의 운영에 관한 법률 개정안'이 국회 본회의를 통과하여 올해 하반기부터 시행된다. 동 법 개정안에 의하면, 공기업과 준정부기관<sub></sub>기타 공공기관은 제외의 이사 정원은 원칙적으로 15인 이내이다.(법 제18조 제1항 본문). 이 가운데 1명을 노동이사<sub></sub>상임이사가 아닌 비상임이사로 임명해야 한다. 노동이사 자격은 3년 이상 재직한 근로자 중에서 근로자대표<sub></sub>근로자의 과반수로 조직된 노동조합이 있는 경우 그 노동조합의 대표자의 추천이나 근로자 과반수의 동의를 받은 사람이고, 임기는 2년이며 1년 단위로 연임할 수 있다(법 제25조).

노동이사제가 도입되는 공공기관은 한국전력공사 등 공기업, 국민연금공단 등 준정부기관, 한국자산관리공사 등 일부 공공 금융 기관이 해당한다. 노동이사제가 과연 기업의 투명한 경영에 도움이 될 것인가 혹은 기업의 원활한 경영을 방해할 것인가에 대해 법이 통과된 지금까지도 치열한 논란은 계속되고 있다.

## 2_ 노동이사제가 왜 도입되었는가?

노동이사제는 독일, 프랑스 등은 시행중이며 영국, 이탈리아 등은 시행을 하지 않고 있다. 노동자 대표를 경영의 주체로서, 경영에 대한 의사결정의 일원으로서 반드시 이사로 선임하는 것이 제도의 골자이다. 현재 국내의 노동이사제는 공공기관, 준정부기관, 일부 공공 금융기관이지만 이 제도가 활성화되면서 결국 민간기업까지 확산될 것이라는 우려에서 한국의 재계는 이를 명백히 반대하고 있다. 경영계와 노조에서 각각 내세우는 주장은 다음과 같이 요약될 수 있다.

첫째, 노사가 대립할 경우 중요한 의사결정이 늦어지면서 경영활동이 지체되는 것, 둘째, 근로자측 노동이사는 추천을 받았다 하더라도 경영 전문성은 부족해서 이사로서의 자격에 부합하지 않는 것, 셋째, 영업 비밀 등 회사의 이익을 위해 지켜져야 할 법익이 침해될 수 있다는 것 등이다. 한편, 근로자 입장에서는 첫째, 노사가 대립할 경우 오히려 갈등을 노동이사가 완충하는 역할을 하게 될 것, 둘째, 유럽의 선진국에서 이미 도입하고 있는 제도라는 것, 셋째, 근로자 대표도 현업 경험에서 오는 경영지식이 풍부해서 의사결정에 도움이 될 것 등을 내세우고 있다.

분명히 근로자도 SPICESociety, Partner, Investor, Customer, Employee(사회, 협력사, 투자자, 고객, 종업원 중 종업원에 해당하는 중요한 이해관계자이다. 이해관계자 자본주의를 고려할 때, 근로자도 의사결정의 주체로서 참가해야 한다는 근로자의 입장도 일견 타당성이 있어 보인다. 하지만 그런 논리라면 다른 이해관계자들, 예를 들면 협력사나 정부 등에서도 민간기업의 노동이사로 임명되어 이사회 일원이 되어야 한다. 본래 이해관계자와 회사는 분리되어 있는 집단이다. 회사의 성과에 영향을 주거나 회사의 성과에 영향을 받는 객체로서 이해관계자가 등장하였고, 2019년 비즈니스 라운드 테이블에서 서명한 '기업의 목적에 관한 성명'에서도 5개 조항의 주어는 모두 회사이고 그 대상이 바로 SPICE라는 이해관계자들이었다.

따라서 이해관계자 모두가 이사가 되어야 한다면 정부 인사도, 협력사 대표도, 고객 대표도, 주주 대표도 모두 각각 의사결정에 독립적으로 참여하여야 한다. 특히, 주주의 경우는 이사회라는 소유와 경영을 분리한 독립 기구에서 의사결정을 하도록 회사법이 만들어져 있는데 만약 경영에 참여하면 회사라는 구조 자체를 부정하게 되는 모순에 빠진다. 그래서 근로자도 이해관계자이므로 근로자가 노동이사로 참여하여야 한다는 논리는 설득력이 약하다.

그렇다면 왜 한국의 노동이사제는 명분을 가지게 되었을까? 두 가지 측면이 있다. 첫 번째는 그간 일부 기업들의 의사결정이 투명하지 못하고, 오직 회사의 이익을 위해서만 이사들이 사심을 가지고 의사결정을 한 경우도 있기 때문이다. 흔히 이사라고 불리는 경영진은 오직 '회사를 위한 최선의 이익best interest for the company'만 염두에 두고 의사결정을 해야 한다. 그런데 한국에서는 회사와 대주주가 동의어가 되다시피 해서, 결국 회사를 위한 의사결정이 대주주를 위한 형식적 의사결정이었다는 비판을 많이 들었다.

예를 들면, 공공기관이 구조조정에 대한 의사결정을 할 때, 회사 입장에서 보면 분명히 재무적으로 플러스가 되지 않는 경우인데, 사용자의 개인적인 욕심 혹은 거래에 따른 각종 불분명한 이유로 구조조정이 이루어진다고 하면, 이것은 이사들의 분명한 '배임'이다. 이런 경우들이 종종 드러나다 보니, ESG의 G 즉, 지배구조의 투명성을 위해서라도 경영진은 반드시 회사만을 생각해서 의사결정을 해야 하고, 그러기 위해서는 경영자의 입장뿐만 아니라 근로자의 입장에서도 회사를 위한 최선의 이익을 찾기 위해 노동이사제가 필요하다는 것이다.

두 번째, 노동이사제가 법적으로 도입되는 곳은 공공기관이라는 면에서 노동이사제는 강한 설득력을 가진다. 2022년 1월 '공공기관의 운영에 관한 법률 일부 개정법률안<sub>대안</sub>'에 따르면 대안의 제안 이유 및 주요 내용을 다음과 같이 밝히고 있다.

---

공공성을 위하여 설립된 공공기관 운영의 주축이 되는 임원의 구성이 실질적인 공공성 강화 및 투명한 경영을 위한 기준에 못 미치고 있어 이를 공공 목적에 맞게 강화해야 한다는 지적이 제기되고 있음.
이에 공기업·준정부기관의 비상임이사에 근로자대표 등이 해당 공기업 등의 소속 근로자 중에서 추천한 사람을 1명 포함하도록 하여 공공기관의 공공성과 투명성을 제고하려는 것임.

---

공공기관은 본질적으로 ESG를 위해 만들어진 조직이다. 공공기관은 환경을 보호하고, 사회적 책임을 다하고, 의사결정이 유리알처럼 투명해야 하는 조직이다. 그래서 정부의 예산 지원도 있고, 법적으로 여러 가지 권한도 가지고 있는 것이다.

그런데 그간 공공기관이 가진 폐해도 적지 않았다. 가장 큰 부분은 지배구조가 극히 불투명한 경우가 있었다는 점이다. 흔히 말하는 '낙하산 인사'가 그랬다. 전문가를 적재적소에 배치하기보다는 정부출범에 도움을 주어 보은인사 차원에서 기관을 맡겨나, 중앙정부에서 은퇴를 하면서 산하기관장으로 취임하거나, 특정 인사와 친하다는 이유로 무자격자가 기관장으로 낙하하는 경우들이 그 예이다. 그러다보니 때로는 노조의 저항으로 기관장이 출근을 못하거나 아예 직무에서 배제되는 경우도 생겼다. 혹자는 이러한 노조의 반대가 워낙 강해져서 노동이사제를 도입하면 공공노조가 아예 공공기관의 운영을 좌지우지할 것이라며 노동이사제를 반대한다.

필자는 준공공기관의 노조 부위원장을 역임한 바 있다. 당시 내부적인 문제로 노사가 갈등을 빚은 바 있고, 그 진통을 거쳐 결국 양측이 합의에 이르러 오히려 전화위복이 된 적이 있었다. 경영은 예술이다. 근로자와 사용자가 이해와 설득을 통해 합의에 이르고, 그 합의를 바탕으로 건전하고 성실하게 각자 최대의 수익과 효율을 성취해나가는 것이 경영이다. 그런데 많은 경우 국가는 공공기관에 대하여 성실한 관리자의 본분을 잊는다. 국민이 위임한 권리를 대행하는 대리인으로서 실력 있고, 선량한 관리자를 기관장으로 임명하고 기관을 투명하게 운영해야 하는데 그렇지 못한 경우가 많다.

공공기관의 노동이사제는 일부 공공기관과 정부의 방만한 경영으로 비롯된 면이 크다. 공공기관의 대주주이자 경영자는 바로 국가이다. 대주주가 개인이 아니라 한 나라의 정부다. 그러니 노동이사제가 정부에 대한 노조의 영향력을 강화시키는 것을 비판할 게 아니라 정부가 노조와 화합하여 사회적 책임을 다 하는데 매진하도록 해야 한다. 정부의 강력한 리더십이 노동이사제의 순기능을 강화할 것이다.

한편 노동이사제 도입을 반대하는 입장에서는 공기업 개혁이나 구조조정이 어려워 질수 있다고 한다. 그런데 노동이사제 도입을 안 한 동안 공기업의 개혁이나 구조조정이 원활하게 이루어졌을까? 자산 2조 원 이상 38개 대형 공공기관 중 이자도 못 갚는 기관이 19곳이라고 한다. 그간 근로자의 참여가 없었어도 공공기관의 방만하고 해이한 경영은 달라진 게 없다. 국가의 사심私心이 들어갔던지, 정치적 필요에 의해서든지, 아니면 국민들을 위한 견제장치도 없어서 그런지 모르겠다. 일부 공공기관의 경영은 민간기업 같았으면 벌써 파산하고도 남았을 상태이다. 그런 면에서 국민의 복리와 안녕을 증진하기 위해서라도, 국가의 책임을 다하고 세금을 효율적으로 사용하기 위해서라도 공공기관에 노동이사제라는 예방백신은 필요하다고 본다.

하지만, 본 법은 개정되어야 하는 부분이 있다. 노동이사가 근로자만을 대표하는 교섭자의 역할이 아니라, 회사를 위한 의사결정자가 되기 위해서는 노동이사 임기동안은 노조원의 자격을 한시적으로 상실해야 한다. 노동이사는 노조를 대표하여 이사회에 참여하는 것이 아니기 때문이다. 모든 경영진은 주주가 투자한 돈으로 기업의 수익을 최대화하고, 이해관계자를 골고루 배려하며 존중해야 하는 의무가 있다. 근로자의 이익 대변은 노사교섭 등 기존의 법상 권리를 활용하여 노조 대표가 할 것이고, 노동이사는 노동자만 대변하는 것이 아님을 스스로 분명하게 인식하여야 한다. 그렇지 못하면 사용자만을 대변하였던 기존의 거수기 이사들과 입장만 바뀌었을 뿐 결국 회사를 위한 의사결정자가 아닌 것은 매한가지이다.


## 3_ 노동이사제의 민간기업 도입

노동이사제가 기업에 도입 후 성과가 좋아졌는가 나빠졌는가에 대해서는 아직도 논란이 있다. 노동이사제는 1951년 독일에서 최초로 도입되었고, 이후 프랑스, 네덜란드 등 14개 국가에서 강제 의무화 되었다. 독일은 1951년 '몬탄공동결정법'을 통해 노동이사제를 최초로 도입하였고, 이 법에서 노동이사제는 2차 대전의 패전에 따른 전범 기업들의 노사 이해 조정을 위해 신설되었다.

필자의 노동이사제에 대한 입장을 밝히라면 필자는 공공기관에 노동이사제 도입은 찬성하지만, 민간기업에 노동이사제가 도

입되는 것은 무척 신중하게 판단해야 한다는 것이다. 현재로서
는 반대한다고 보아도 무방하다. 민간기업에서 근로자와 사용자
의 입장은 공공기관에서의 노사관계와는 크게 다르다. 공공기관
에서 노사관계의 갈등은 근로자 복지, 경영진 선임, 구조조정 방
향 등이지만, 민간기업의 노사관계는 훨씬 첨예하며 이유도 다양
하다. 무엇보다도 근로자와 사용자의 특성이 민간기업에서는 강
하게 나뉜다. 예를 들어 근로자의 대표로서 근로자의 과반수의
동의를 얻어 노동이사가 된다 치면, 그 혹은 그녀는 과연 사용자
일까 근로자일까? 형식적으로는 사용자지만 실질적으로는 근로
자라는 말이 있는데 이는 엄청난 모순이다. ESG란 형식과 실질이
일치해야 하고, 그 틀 안에서 이해관계자들이 함께 효율과 성장
을 도모하는 경영 요소다. 그런 논리라면 직원이 형식적으로는 근
로자이지만 실질적으로는 사용자일 수 있을까? 경영수업을 받는
오너 2세라면 회사에서 잠시 그런 위치에 놓일 수 있겠다. 그러나
이는 일반적인 상황이 아니다.

　민간기업에 노동이사제 도입을 반대하는 또 하나의 이유는 의
사결정에 대한 전문성이다. 공공기관의 경우는 일반적으로 장기
근속을 하고, 동일 업종에 대한 경험이 높으므로 의사결정에 동
참할 정도의 높은 전문성이 있다고 할 수 있다. 그러나 현재 법에
따르면 공공기관 노동이사의 경력은 3년 이상이라고 되어있는데

만약 이 기준이 민간기업에도 적용된다면 노동이사의 자격으로 전혀 적절하지 않다. 글로벌 민간기업의 경우 필자의 경험에 따르면 3년으로는 큰 기업의 중요한 의사결정에 참여하기에는 턱없이 부족한 경력이다. 노동이사를 위해 별도의 교육을 마련하자는 의견도 있는데 교육으로 될 일은 아니다. 노동이사에게 필요한 것은 노동이사가 가진 업종, 기업에 대한 전문적 실력과 경험이다.

민간기업의 경우는 일방적인 지배구조에 대한 감시와 견제를 위해서는 전문성과 공정성, 독립성을 가진 사외이사제를 충분히 활용하는 것이 바람직하다. 민간기업에서 노동이사제를 도입하는 것은 전쟁터에서 '총'사외이사제이 있는데 굳이 '칼'노동이사제을 쓰겠다는 것이나 마찬가지다. 사외이사제는 노동이사제처럼 일부 국가가 아니고, 훨씬 국제화된 제도로 자리 잡았고, 다양성과 전문성을 바탕으로 한 사외이사의 기여 효과도 헤아릴 수 없이 입증되고 있다. 만약 근로자의 의사를 대변하는 경영진이 필요하다면 노조를 직접적으로 대표하거나 회사에 고용된 근로자가 아니라, 외부 전문가 중 노조가 생각하기에 근로자의 입장을 반영시킬 수 있는 인사를 추천하고 회사는 임원후보추천위원회의 심사를 거쳐 이사회의 의결로 그 전문가를 채용하면 된다.

노동이사제는 유럽의 제도이다. 아시아에서 법으로 의무화 된

나라는 중국 딱 한군데이다. 미국과 일본은 노동이사제라는 제도를 법으로 채택하고 있지 않다. 유럽과 한국은 노사문화, 기업경영, 주력산업 등이 무척 다르다. 그런데 단순히 몇몇 외국에서 도입하였다고 해서 이를 그대로 민간기업에도 도입하는 것은 한국 경영의 현실을 몰각한 처사이다. 더구나 한국의 이사회와 유사한 기구인 경영이사회에 노동이사 참여를 법제화한 국가는 노르웨이와 스웨덴 두 곳뿐이다.

2022년 4월 20일부터 국제노동기구(ILO) 핵심 협약이 발효된다. 본 협약은 한국 노동관계법의 상위법이기 때문에 노사활동의 큰 변화를 가져올 전망이다. 이런 상황 하에서 각종 노동 이슈는 2022년 한해 특히 세심히 다루어 져야 한다.

공공기관의 노동이사제 도입 역시 우리나라 공공기관의 특수성을 고려한 조치인 만큼, 민간기업의 노동이사제 도입도 우리나라 경영의 현실을 깊이 살펴보고 결정해야 한다. 민간기업과 경제단체도 노동이사제가 도입되는 것이 우려된다면 단순히 노동이사제 자체를 부정할 것이 아니다. 민간기업은 최대한 자정(自淨)능력을 갖추고 지배구조의 투명성을 강화하면 된다. 특히 사외이사의 전문성과 다양성을 높여야 한다. 회장의 지인이라는 이유만으로 비전문가를 사외이사에 앉혀놓아선 안 된다. ESG 경영 확산과 대체(代替)적인 법 제도, 실력 있는 사외이사 선임을 통해서 기업의 예방적 선제 조치가 강해진다면 민간부문의 노동이사제 논의가 경솔하게 이루어지는 일은 없을 것이다.

# 에 필 로 그

    ESG는 분명히 세상을 바꾸고 있다. 전국경제인연합회가 2022년 3월 기업을 대상으로 실시한 설문조사에 따르면 향후 2~3년 내에 기업의 경영활동에 가장 영향을 많이 미칠 것으로 예상되는 경영환경은 코로나19 지속에 따른 국내외 경제 불확실성(44.4%)이 1위였고, 그 뒤를 이어 ESG 경영 확산(16.8%)이 2위를 차지했다. 코로나가 지나고 나서 경제 불확실성이 걷혀지고 나면 기업들은 ESG 확산을 가장 큰 경영환경으로 본다고 해도 과언이 아니다.

    ESG 시대를 맞이해서 기업들에게 생긴 변화는 한두 가지가 아니다. 그간 당연하게 인식되었던 준법경영은 재조명받으며 강화되고 있다. 일반인들은 알지도 못할 '탄소중립' 같은 단어가 매일 보고서에 올라오고 있다. 기후위기 시대에 석탄화력발전소를 지으면 안 된다고 기업 앞에서 시위를 하던 한국의 활동가들이 처음으로 형사 처벌을 받았다. 대기업과 금융기관의 광고와 홍보물은 온통 녹색으로 물들며 ESG를 강조하고 있다. 기업들은 ESG위원회를 만든 지 오래고, 여성 사외이사를 찾으며, ESG 컨설팅 사업은 호황을 맞이하고 있다. 각지에서 자칭 ESG 전문가들이 나오고, 대학마다 ESG 과정을 개설하고 있다.

그런데 중소·중견기업은 아직도 ESG 사각지대에 있다. 2021년 10월 대한상공회의소에서 실시한 조사에 따르면 '공급망 ESG 협력이 중요하다'고 답한 기업들이 78.8%였지만, ESG 관련 협력 요구를 받은 적이 없다는 응답이 81.9%에 이르렀다. 중소기업중앙회가 2021년 발표한 '중소기업 ESG 애로조사에 따르면 ESG 도입이 필요하다고 느끼는 중소기업은 53.3%였으나 도입 환경은 '준비되어 있지 않아 어렵다'고 느끼는 기업이 89.4%에 달했다. 중소·중견기업은 ESG를 하고 싶어도 비용과 인력 부족, 경영진의 인식 부족 등으로 진도를 나가지 못하고 있다.

ESG의 가장 기본은 '불공정한 격차와 차별을 해소하는 것'이다. '지속가능발전'만 보더라도 '미래 세대의 발전을 해치지 않고, 현재 세대가 발전하는 것'이다. 즉 미래 세대와 현재 세대 간의 불공정한 격차를 만들지 않는 것이 지속가능발전이다. 성별, 연령 등을 이유로 불공정한 격차를 만들거나 차별을 하지 않는 것이야말로 중요한 ESG 가치이다. 구글 크롬과 안드로이드는 2020년 플랫폼에서 사용하던 '블랙리스트'와 '화이트리스트'라는 단어를 쓰지 않기 시작했다. 그간 블랙리스트는 '차단 목록'을 뜻하고, 화이트리스트는 '허용 목록'을 뜻했다. 성별이나 인종 차별적인 단어를 삼가는 것도 사소하지만 의미 있는 ESG 경영이 될 정도이다.

그런데 아이러니하게도 ESG 시대에 대기업과 중소·중견기업 간의 격차는 더욱 벌어지고 있다. 자금이 풍부하고 인력이 넘치는 대기업은 담대하게 UN 협약을 실천하고, 각종 심사에서 ESG 경영 우수기업으로 선정되고 있다. ESG는 새로운 평판 강화 도구로 급부상하며, 대기업 위주로 기업 평판을 드높이고 있다. 하지만 중소·중견기업 경영진은 대기업의 지속가능경영보고서를 보며 오히려 ESG 경영을 포기할 지경에 이르렀다. ESG가 담론으로 흐르고, 정보와 지식의 홍수 속에서 정작 도움 되는 내용은 없다 보니 중소·중견기업은 남의 일이라 생각하며 ESG와 더 거리감을 느낄 뿐이다. 도대체 무엇이 문제일까?

답은 ESG 거품 때문이다. 지금의 ESG에는 너무도 많은 거품이 껴있다. 미국 뉴욕주 변호사인 필자도 도무지 해석하기 어려운 협약들로 ESG의 역사는 점철되어 있다. ESG를 하려면 지구를 바꾸어야 될 정도로 과제도 크다. ESG 전문가들도 훈수두긴 쉬우니 더 어렵고 복잡한 이론만 중소·중견기업 경영진에게 늘

어놓는다. 결국 모두 거품이다. ESG는 실천가능 할 때 의미가 있다. 모든 기업의 목표가 세계 평화와 지구 온난화의 완전 해소에 있진 않다. 사람도 그렇듯 기업도 모두 크기가 있고, 감당할 능력이 다 다르다. 중소·중견기업에게 걸맞은 ESG가 따로 있다는 얘기다. 또한 ESG에는 절대적인 정답이 없다. 세계가 ESG를 시작한 지 얼마 안 되어 더욱 그렇다.

필자는 '세바시'라는 강연 프로그램에서 ESG의 부작용으로 '그린플레이션'을 우려한 바 있다. 자동차도 앞뒤 안보고 과속하게 되면 결국 접촉사고가 일어난다. 오직 친환경을 내세우며 에너지 구조 전환을 강조했고, 신재생에너지를 전가의 보도처럼 여겼던 유럽의 경우가 지금 그렇다. 한국경제신문의 보도에 따르면 '독일의 한 가정은 전기·가스 요금 고지서에 한화로 약 100만 원이 찍혀 받았다고 한다. 평소 1년 치 요금보다 많다고 한다.(2022.3.18)'

ESG도 거품을 걷어내고 현실에 발을 붙인 '점진적인 전환'이 필요하다. 특히 한국은 신재생에너지, 친환경 기술이 미국, EU보다 한참 떨어져있다. 그런데 ESG 기준은 너무도 높다. 특히 중소·중견기업에게 ESG는 하늘의 별따기다. 이제부터 그 거품을 없애야 한다. 중소·중견기업에게는 글로벌 대기업과 같은 잣대를 들이대면 안 된다. 아주 소소하더라도 중소·중견기업들이 ESG를 외재화 할 수 있도록 다른 기준의 ESG을 설정해 주어야 한다. 대기업과 금융기관은 ESG 이기주의에서 벗어나 중소·중견기업에게 할 수 있는 모든 지원을 구체적으로 해야 한다. 새 정부도 발 벗고 도와야 한다.

ESG는 서로를 돌보아 공존하는 것이다. 2019년 BRT에 서명한 글로벌 기업들은 '우리의 협력사들과 공정하고 윤리적으로 거래하며, 작든 크든 우리의 사명을 실현하는데 도움을 주는 다른 기업들에게도 훌륭한 파트너십을 제공하기 위해 헌신한다'고 선언했다. 한국의 대기업과 금융기관들도 협력사들에게 작든 크든 훌륭한 파트너십을 제공해야 한다. 어려운 환경 속에서 ESG를 점진적으로 실천하고자 하는 중소·중견기업들을 위해 이제 한국의 대기업과 금융기관들이 나설 때다.

이 책에서 다룬 내용들은 대기업의 경영진은 이미 알고 있는 내용들일 것이다. 딱 하나만 강조하고 싶다. 오늘부터 중소·중견기업의 ESG를 도우라는 것이다. 세답족백洗踏足白의 마음을 가져야 한다. 그래야 서로 지속가능할 수 있다.

2022년은 ESG를 새로 시작하기 좋은 해다.

**부록.**

# ESG 모범규준

ESG 모범규준은 전문, 리더십과 거버넌스, 위험관리, 운영 및 성과, 이해관계자 소통, 부록 등 네 부문의 본문 및 부록으로 구성되어 있다. ESG 모범규준의 문서 전체도 방대하고, 공개 기업을 주 대상으로 작성되어 있어 중소·중견기업에서는 일독할 기회가 많지 않았을 것이라 사료된다. 중소·중견기업 경영진이 개별 항목만이라도 일견할 수 있도록 'ESG 모범규준<sub>한국기업지배구조원</sub> <sub>케</sub>'에서 원문을 발췌·인용하고 필요하면 설명을 더 하고자 한다.

## 1_ 환경 모범규준

### 가. 리더십과 거버넌스

#### ❶ 환경경영 리더십

1.1  최고경영진은 환경경영에 대한 확고한 의지를 표명하고 이를 실천하기 위해 리더십을 발휘하여야 한다.

1.2  기업은 최고경영자의 환경경영 실천의지를 표명한 환경방침을 수립하여야 하며, 이를 대내외에 적극적으로 공개하여야 한다.

#### ❷ 환경경영 전략 및 목표

2.1  기업은 환경경영 추진 전략을 수립하여야 한다. 이때, 환경경영 전략은 기업

의 경영전략 및 방침과 통합되어야 한다

2.2 기업은 환경경영 실행을 위해 환경목표를 수립하여야 하며, 이를 달성하기
위한 세부 추진 계획을 수립하고 관리하여야 한다.


**❸ 환경경영 거버넌스**

3.1 기업은 전사적 환경경영체계 및 주요 활동을 실행하기 위한 의사결정 체계
를 구축하고 이를 지속적으로 실행 및 유지하여야 한다.

3.2 기업은 환경경영의 목표, 활동 및 성과 등 주요 이슈사항을 이사회에 보고하
여야 하며, 이사회는 환경경영 활동을 주기적으로 검토하고 관리하여야 한다.

3.3 기업은 환경경영체계를 실행 및 유지하기 위한 적절한 인적자원을 배분하여
야 하며, 환경경영을 전담하는 실무조직을 구축하고 운영하여야 한다.

3.4 기업은 임직원의 환경경영에 대한 인식 제고 및 역량 강화를 위하여 환경 관
련 정보와 교육을 제공하고, 기업의 환경경영 활동에 이들을 적극적으로 참
여시키는 등 임직원의 환경인식 수준을 높이기 위해 노력하여야 한다.


## 나. 위험 관리

**❶ 환경 위험과 기회의 식별, 평가 및 관리**

1.1 기업은 경영활동에 영향을 미칠 수 있는 주요한 환경 위험 및 기회를 파악하
여야 한다.

1.2 기업은 주요한 환경 위험 및 기회에 대해 우선순위를 선정함으로써 환경경
영의 효율성을 제고하여야 한다.

1.3 주요한 환경 위험 및 기회는 환경경영 방침 또는 전략 수립 시 적절하게 반영
되어야 하며, 단기·중기·장기적 관점에서 경영전략과 통합하여 주기적으로
관리되어야 한다.

## ❷ 기후변화 위험 및 기회

2.1 기업은 사업 전략과 재무 계획에 영향을 미칠 수 있는 기후변화 관련 위험과 기회를 파악하여야 한다. 기후변화로 인한 위험은 크게 물리적 위험Physical risks과 전환적 위험Transition risks으로 나뉜다. 기회요인은 아래 표와 같이 제시되어 있다.

| 기회 요인 | 주요 내용 |
|---|---|
| 자원효율성 | • 효율성 높은 제품 및 물류 시스템의 이용<br>• 효율성 높은 운송수단의 이용<br>• 재활용·재이용<br>• 효율성 높은 건물의 이용<br>• 물 사용량 및 소비량 저감<br>• 기타 |
| 에너지원 | • 저탄소 에너지 이용<br>• 재생에너지에 대한 정책 인센티브 활용<br>• 신기술 이용<br>• 탄소시장 참여<br>• 분산전원 이용<br>• 기타 |
| 제품 및 서비스 | • 저탄소 제품 및 서비스의 개발 및 확대<br>• 기후변화 적응대책 및 상품 개발<br>• R&D 및 혁신을 통한 신제품 및 서비스 개발<br>• 사업군의 다변화<br>• 소비자 선호도 변화<br>• 기타 |
| 시장 | • 새로운 시장에 대한 접근성 증가<br>• 제품 및 서비스에 대한 수요와 공급의 변화<br>• 공공섹터의 인센티브 활용<br>• 녹색채권 및 인프라의 인수, 자금조달<br>• 기후리스크를 고려한 금융상품 개발 |
| 회복탄력성 | • 재생에너지 프로그램 참여 및 에너지 효율 향상 수단 도입<br>• 대체자원의 확보 및 다변화<br>• 회복탄력성을 고려한 새로운 제품 및 서비스 도입<br>• 기후변화 적응 역량 강화<br>• 장기적 재무·금융 부문의 투자 강화<br>• 기타 |

2.2 기업은 기후변화로 인한 위험 및 기회 요인을 면밀하게 분석하고, 이를 경영
전략과 연계하여 관리하여야 한다.

### ❸ 위험관리체계

3.1 기업은 규명한 환경 위험에 대응하기 위한 사전관리시스템을 구축하고 실행
하여야 한다.

3.2 기업은 잠재적 비상사태 및 사고를 예방하고 체계적으로 관리하기 위하여
적절한 대응 절차를 수립하고 실행하여야 한다.

3.3 기업은 환경법규 위반 및 환경사고 발생에 대한 관리체계를 구축하여야 한다.


## 다. 운영 및 성과

### ❶ 친환경 제품 및 서비스

1.1 기업은 제품서비스 혹은 사업이 환경에 미치는 부정적 영향을 최소화할 수 있도
록 친환경 설계 활동을 이행하여야 한다. 아울러 기업의 경영전략을 설계,
수립하는 단계에서 글로벌 혹은 지역사회의 환경이슈를 고려하여야 한다.

1.2 기업은 친환경 설계를 통해 만들어진 친환경 제품 및 서비스를 시장에 공급함
으로써 지속가능한 생산 및 소비 확산에 주도적인 역할을 수행하여야 한다.

### ❷ 친환경 공급망

2.1 기업은 공급사슬supply chain의 환경성과 향상과 제품서비스 책임주의 구현을 위
한 친환경 공급망 관리체계를 구축하여야 한다.

2.2 기업은 자사의 환경성과뿐 아니라 협력업체의 환경성과 향상을 위하여 노력
하여야 한다. 이를 위해 협력업체의 환경성과를 정기적으로 평가하고 협력
업체의 환경경영 역량을 증대시키기 위한 적극적인 상생경영 활동을 이행
하여야 한다.

2.3 기업은 녹색매장, 친환경소비 캠페인 등을 통해 친환경 생산 및 소비문화 기반을 마련하고 친환경 제품의 유통 활성화에 기여하여야 한다.

2.4 기업은 생산자인 동시에 소비자로서 친환경 제품의 소비 확대에 기여할 수 있다. 따라서 기업은 자원을 절약하고 환경오염을 줄일 수 있는 친환경 제품을 우선적으로 구매하는 지침을 마련하고 친환경 구매 활동을 지속적으로 이행하여야 한다.

## ❸ 친환경 사업장

3.1 기업은 자사 특성에 적합한 친환경 생산 활동을 개발하고 이를 적용 및 실행하는 친환경 사업장을 구현하여야 한다.

3.2 기업은 에너지 효율 향상, 에너지 사용량 저감 등의 활동을 지속적으로 이행하고, 온실가스 감축 기술 개발, 신재생에너지 이용 확대, 산림의 탄소흡수원 유지 등 기후변화에 대응하기 위한 다양한 활동을 전개하여야 한다.

3.4 기업은 생산 활동의 부산물로 인한 생태계의 부정적 영향을 최소화할 책임이 있으므로, 경영활동, 제품 및 서비스와 관련된 오염원, 배출원 등을 확인하고, 생산·제조공정에서 환경오염물질의 발생 및 배출을 최소화하기 위한 활동을 지속적으로 수행하여야 한다.

3.5 기업은 사업 활동에 따른 폐기물 및 폐수의 발생을 최대한 억제하고 발생한 폐기물을 재활용함으로써 배출을 최소화하여야 하며, 이를 적법하게 처리하여야 한다.

3.6 기업은 취급하는 화학물질을 체계적으로 관리하고 화학물질 관련 법규에 적극 대응하여야 한다. 아울러 유해화학물질의 유해성과 위해성에 대하여 충분히 인지하고 유해화학물질 사용을 저감하며, 화학물질 사고가 발생하지 않도록 노력하여야 한다.

## ❹ 성과관리

4.1 기업은 친환경 생산 목표 및 계획을 수립하고 이를 실천하기 위해 원·부자

재, 용수, 에너지 등의 자원사용량과 생산공정 및 최종단계에서 발생하는 폐기물, 폐수, 환경오염물질 등의 배출량 데이터를 관리하여야 한다.

4.2 기업은 환경성과 데이터를 기반으로 산업적 특성과 상황 등을 고려하여 기업의 환경관리 수준을 체계적으로 분석할 수 있는 환경성과평가시스템을 구축하여야 한다.

4.3 기업은 환경경영 성과를 지속적으로 파악하고 개선하기 위하여 산업적 특성 및 상황에 적합한 기준과 지침을 수립하고, 환경심사 목적에 따른 내부심사체계를 구축하고 이행하여야 한다.

4.4 기업의 환경성과평가 및 내부환경심사 결과는 의사결정자에게 보고되어야 하며, 이에 대한 적절한 조치가 이루어져야 한다.

## ❺ 환경회계

5.1 기업은 환경경영 활동에서 발생하는 환경 원가 및 편익을 정량적으로 측정하여 지속가능성회계 프레임과 연계하여 이해관계자에게 제공할 수 있다.

5.2 기업은 탄소세, 배출권거래제 등의 기후변화 정책 대응을 위하여 내부적으로 탄소 위험을 측정하여 관리할 필요가 있다.

## ❻ 생태계 보전

6.1 생태계는 깨끗한 물과 공기, 식량안보와 인간 건강의 근간이 되며, 생물다양성은 생태계뿐 아니라 동식물의 생존, 유전적 다양성을 보호한다는 측면에서 중요한 요소이다. 그러므로 기업은 산림자원, 수자원, 생물자원, 해양자원 등의 원천이 되는 생태계의 중요성을 인지하고, 이를 보전하기 위한 활동을 이행하여야 한다.

## 라. 이해관계자 소통

### ❶ 이해관계자 설정

1.1 기업은 경영활동과 관련 있는 이해관계자를 파악하고 환경경영 이행을 위한 주요한 이해관계자를 설정하여야 한다.

### ❷ 이해관계자 대응 활동

2.1 기업은 환경경영에 대한 국내외 이해관계자의 다양한 요구사항 및 의견을 적극적으로 수렴하여야 한다. 이를 위해 기업은 이해관계자 접근성을 높이고 상호교류를 촉진할 수 있는 적절한 의사소통 수단을 구축하여야 한다.

2.2 기업은 위험과 기회 요인 분석에 따른 국내외 이니셔티브에 자발적으로 참여하여 기후변화 대응 등 글로벌 환경문제에 대응하기 위한 노력을 지속하여야 한다.

### ❸ 환경정보 공개

3.1 기업은 환경경영 활동과 관련된 주요 사항 및 환경성과를 이해관계자에게 공개하여야 한다.

3.2 기업은 이해관계자에게 유용한 환경정보를 제공하기 위한 내용 체계를 결정하고, 작성하는 환경정보가 명확성, 비교가능성, 일관성, 신뢰성 요건을 충족하도록 하여야 한다.

# 2_ 사회 모범규준

## 가. 개요

ESG가 주주 제일주의에서 이해관계자 자본주의로 이행하는 계기가 되었음은 잘 알려진 사실이다. 기업이 단순히 주주만 바라보지 않고, 사회, 협력사, 종업원, 고객을 골고루 존중하며 '사회책임경영'을 실천하라는 것이 바로 ESG이다. 그런데 기업의 사회책임경영이 과연 무엇인지, 사회적책임의 기준은 정립되었는지에 대해서는 아직 여러 가지 얘기가 나오고 있다. E환경는 오히려 기술 기준이 있기 때문에 목표나 달성이 명확한데, S사회는 양분법에 의해 재단할 수도 없고 달성 여부를 확인하기도 어렵다. EU의 사회 분류체계 social taxonomy가 많은 진통을 겪고 있는 것도 이러함을 반증하고 있다.

그럼에도 본 규준은 국제적인 기준과 한국의 현행 법령을 반영하여 가능한 범위 내에서 기업의 사회책임경영 규준을 제시하였다. 본 규준은 전문, 리더십과 거버넌스, 비재무 위험관리, 운영 및 성과, 이해관계자 소통 부문으로 구성되어 있다.

## 나. 리더십과 거버넌스

### ❶ 리더십

1.1 최고경영진은 사회책임경영에 대한 확고한 의지를 표명하고 이를 실천하기 위한 리더십을 발휘하여야 한다.

1.2 최고경영진은 사회책임경영 실현을 위한 거버넌스를 갖추고 이를 지속적으로 개선해 나가야 한다.

**❷ 전략과 방침**

2.1 기업은 효과적인 사회책임경영 거버넌스를 구축하기 위해 기업 전략에 사회적 책임을 반영하여야 한다.

2.2 기업은 해당 기업의 사업과 환경 변화를 고려하여 사업 전략 내 사회책임경영의 효과적인 통합 방안을 마련해야 한다.

2.3 기업은 사회책임경영 전략을 반영한 사업활동이 창출하는 경제적, 사회적, 환경적 성과를 측정하고 관리하여야 한다.

**❸ 조직과 의사결정**

3.1 사회책임경영의 효과성을 확보하기 위해서는 기업 내 의사결정 권한이 있는 조직의 관여가 필요하다.

3.2 기업은 사회적 책임 원칙과 관행을 실행할 수 있는 절차, 시스템, 구조, 메커니즘을 마련하여 사회책임경영 의사결정 조직의 실효성을 확보하여야 한다.

**❹ 기업문화**

4.1 기업은 사회적 책임이 반영된 기업 문화를 형성하여 사회책임경영의 충실한 이행을 뒷받침하여야 한다.

4.2 최고경영진은 각 기업의 장기 전략에 부합하는 기업 문화를 형성해야 하며, 이사회는 이를 평가하고 모니터링하여야 한다.

## 다. 비재무 위험 관리

**❶ 비재무 위험의 통합적 관리**

1.1 이사회는 재무 위험과 비재무 위험을 함께 고려해 경영판단을 해야 한다.

1.2 이사회는 재무 위험뿐 아니라 비재무 위험도 충실히 관리되고 있는지 감독하여야 한다.

1.3 기업은 비재무 위험을 전사적 위험관리체계Enterprise Risk Management에 통합하여 관리한다.

## ❷ 비재무 위험과 기회의 인식

2.1 기업은 비재무 이슈를 식별하여 기업에 영향을 미칠 수 있는 위험과 기회 요인을 파악하여야 한다. 구체적인 위험요인은 아래와 같이 분류하였다.

2.2 기업이 파악한 비재무 이슈 중 위험요인은 발생가능성, 영향력에 따라 우선순위를 정해 대응하고, 기회요인은 활용 가능여부를 판단해 전략에 반영한다.

| 유형 | 내용 | 사례 |
|---|---|---|
| 공급망 위험 | 제품 및 서비스를 생산하고 소비자에게 전달하는 과정 전체에서 발생 가능한 위험 | • 공급업체 인권 침해(근로자 안전사고, 임금 미지급 등) 발생<br>• 제품 및 서비스 납품 불가 사태 발생 등 |
| 평판 위험 | 기업 평판 악화로 발생하는 위험 | • 사회적 가치에 반하는 활동·제품·서비스로 인한 소비자 불매운동 촉발<br>• 기업 핵심 가치와 모순되는 사업활동으로 인한 브랜드 가치 하락 등 |
| 규제 위험 | 규제 변화에 부적절한 대응으로 발생하는 위험 | • 규제 미준수로 발생하는 제재, 벌금 등<br>• 글로벌 규제 미준수로 인한 사업영역 확장 불가 등 |
| 소송 위험 | 소송으로 발생하는 직간접적 비용에 관한 위험 | • 사회적 책임 미흡으로 인한 정부, 공공기관, 협력사, 소비자, 지역사회 등 이해관계자와의 분쟁 및 소송 발생 |
| 인적 위험 | 인적 자원과 관련된 위험 | • 업무 만족도 및 몰입도 저하<br>• 이직으로 인한 핵심인재 이탈 |

## ❸ 비재무 위험의 대응

3.1 기업은 비재무 위험의 대응 우선순위에 따라 부정적인 영향을 최소화할 수 있는 방안을 마련하여야 한다.

3.2 기업은 비재무 위험 대응방안이 의도한 목표를 효과적으로 달성하였는지 평가하고, 해당 결과에 따라 전략을 수정하여야 한다.

3.3 기업은 주요 비재무 위험에 대한 의사결정체계와 대응방안을 이해관계자에게 공개하는 것이 바람직하다.


## 라. 운영 및 성과

### ❶ 인권

1.1 최고경영진은 인권경영에 대한 의지를 표명하고 이를 대내외 이해관계자에게 공개하여야 한다.

1.2 기업은 인권 이슈에 대한 정책을 마련하고 이해관계자와 공유하여야 한다.

1.3 기업은 인권 이슈를 전담하는 실무부서를 설치하여야 한다.

1.4 기업은 인권영향평가를 실시하여 사업 활동에서 발생할 수 있는 실제적·잠재적 인권 위험을 사전에 파악하여야 한다.

1.5 기업은 인권영향평가 결과를 바탕으로 위험 예방 및 완화 조치를 마련하고 인권 위험을 해소해 나가야 한다.

1.6 기업은 이해관계자가 인권과 관련된 고충을 수시로 전달할 수 있는 채널을 마련하여야 한다.

1.7 기업은 인권경영의 효과성을 정기적으로 평가 및 관리하고, 관련 정보를 내외부 이해관계자와 공유하여야 한다.


### ❷ 노동관행

2.1 기업은 다양성을 고려하여 고용을 증진하고 유치한 인재를 유지할 수 있도록 노력하여야 한다. 또한 공정한 성과관리 체계를 마련하여 적정한 임금을 보장하여야 한다.

2.2 기업은 헌법에서 정한 노동3권과 국제노동기구ILO에서 규정한 근로자의 기본적 권리를 존중하고 보장하여야 하며, 노사 간 성실하고 효과적인 대화를 통해 건전한 노사관계를 형성하여야 한다.

2.3 기업은 근로자에게 다양한 학습과 성장의 기회를 제공하여 개인의 역량 강화와 삶의 질 향상에 기여하여야 한다.

2.4 기업은 자사 및 협력사 근로자에게 안전하고 건강하게 일할 수 있는 근무환경을 제공하여야 한다.

2.5 기업은 일하는 방식과 문화를 개선하여 근로자가 일과 생활의 균형을 갖추고 양질의 삶을 누릴 수 있도록 보장하여야 한다.

## ❸ 공정관행

3.1 기업은 동반성장을 뒷받침할 수 있는 공급망 관리 전략을 마련하고 공급망 위험을 통합적으로 관리하여 사회적 책임을 다해야 한다.

3.2 기업은 공정한 거래와 자유로운 경쟁을 도모하고 경제활동의 기본질서를 준수하여야 한다.

3.3 기업은 중·장기적 관점에서 기업 간 상호협력 활동을 수행하여야 하며, 지속가능한 성장동력 및 일자리 창출, 공정 사회의 경제적 토대 구축을 위해 동반성장을 추구해야 한다.

## ❹ 지속가능한 소비

4.1 기업은 소비자가 불공정한 거래 관행으로 부당한 피해를 입지 않도록 노력하여야 한다.

4.2 기업은 제품 및 서비스의 위해요인으로부터 실효적인 소비자 보호 체계를 구축하여야 한다.

4.3 기업은 소비자가 기업의 사업활동에 대해 자유롭게 의견을 제시할 수 있는 채널을 마련하고, 소비자의 의견이 반영될 수 있도록 적극 노력하여야 한다.

4.4 기업은 소비자가 자사의 제품 및 서비스로 인해 받은 피해에 대해 신속하고 공정하게 보상을 받을 수 있는 체계를 구축하여야 한다.

4.5 기업은 사회적 가치를 구현할 수 있는 제품과 서비스를 개발하고 판매·제공하여야 한다. 이를 통해 소비자의 사회적 욕구를 만족시키고 지속가능한 방

식으로 수익을 창출하여야 한다.

### ❺ 정보보호

5.1 기업은 정보 자산을 보호하기 위하여 적절한 체계와 절차를 마련하여야
한다.

5.2 기업은 개인정보 보호법을 준수하고 효과적인 자율규제가 이뤄질 수 있도
록 정당한 방식으로 개인 정보를 수집하고 활용하여 개인의 사생활을 보호
하여야 한다.

5.3 기업은 개인정보 보호에 관련된 활동을 투명하게 공개하고 정보주체의 정당
한 자유와 권리를 보장하여야 한다.

### ❻ 지역사회 참여 및 개발

6.1 기업은 지역사회가 필요로 하는 바를 파악하고, 지역사회와 상생하며 상호
발전할 수 있는 참여 전략을 수립하여야 한다.

6.2 기업은 임직원에게 지역사회 참여 활동을 장려하고, 지역사회 참여 활동에
투입되는 자원과 성과를 측정 및 관리하여야 한다.

6.3 기업은 국내외 사회책임경영 관련 프로그램에 자발적으로 참여하여 사회책
임경영 수준을 제고할 수 있다.


## 마. 이해관계자 소통

### ❶ 이해관계자 참여 및 소통

1.1 기업은 이해관계자의 적극적인 참여를 이끌어낼 수 있는 커뮤니케이션 방법
을 개발하고 지속적으로 유지하여야 한다.

### ❷ 정보공개

2.1 기업은 사회책임경영 관련 정보를 공개하여야 한다.

# 3_ 지배구조 모범 규준

## 가. 개요

지배구조라는 단어는 ESG가 등장하기 전에는 법률용어로 많이 사용되었다. 기업의 의사결정이 어떻게 이루어지고 그 의사결정자들의 회의체인 이사회는 누구로 구성되었는지가 지배구조에 관한 이야기였다. 기업만 상법 등 법률이 정한대로 이사회 등 기구를 두면 별로 문제가 없었던 문제였다.

그런데, 기업이 거대해지면서 기업의 의사결정이 기업을 넘어 국가와 사회로까지 영향을 끼치게 되었다. 블랙락BlackRock이라는 기관투자가는 그 운용 자산이 한화로 약 1경원이다. 한국의 연간 GDP가 약 2천조 원이니까(단순 비교는 어렵겠지만) 한국 GDP의 다섯 배를 움직이는 금융회사다.

이렇게 한 회사의 규모가 국가를 초월하는 유니버설 오너universal owner들이 등장하게 된 것이다. 그 결과 유니버설 오너를 비롯한 기업들의 의사결정이 투명하고 공정할 필요가 생겼고, 그것을 뒷받침할 이사회 등 회사의 지배기구와 구성원이 공적 측면을 가지게 되어 결국 G지배구조 개념이 등장하였다.

모든 기업이 거창한 '지배구조'라는 이름으로 엄청난 형식을 갖출 필요는 없다. 다만, 단 두세 사람이 모여서 의사결정을 하더라도 늘 투명하고 공정해야 한다는 것이 G의 개념이다. '미디어 테스트media test'라는 말처럼 경영진들은 당장 내일 뉴스에 나더라도 떳떳하게 행동할 수 있도록 의사결정을 해야 한다. 불투명하고 음험한 의사결정은 기업가 정신도 위축시키고 사회적으로 큰 해악을 가져오기 때문이다.

## 나. 이사회 리더십

### ❶ 이사회의 역할과 책임

1.1 이사회는 중장기적인 기업가치 향상을 목표로 주주가치를 창출하고 지속가능한 성장에 기여하여야 한다.

1.2 이사회와 경영진은 지속가능한 성장과 중장기적인 기업가치 향상을 촉진하고 수익성·자본 효율성 등의 개선을 도모하기 위해 기업의 목표 및 경영전략을 수립하고, 지속가능성을 추구하는 기업 문화 조성을 위해 리더십을 발휘하여야 한다.

1.3 이사회는 기업경영에 관한 포괄적인 권한을 가지며, 기업의 경영의사결정 기능과 경영감독 기능을 수행하여야 한다.

1.4 이사회는 지배주주 등 다른 주주의 부당한 내부거래 및 자기거래로부터 일반주주의 이익을 보호하여야 한다.

1.5 이사회는 체계적인 리스크 관리를 위하여 내부통제 및 리스크관리체계를 마련하여 운영할 것을 권고한다.

1.6 이사회는 최고경영자 승계에 관한 정책을 마련하여 운영할 것을 권고한다. 특히 비상시 최고경영자 승계와 관련한 내용을 반드시 포함하여야 한다.

1.7 이사회는 최고경영자 후보를 추천하기 위한 임원추천위원회 또는 최고경영자후보추천위원회를 설치할 수 있다.

1.8 기업집단에 속한 기업의 이사회는 계열회사와의 거래 등 기업집단과 관련된 의사결정이 해당 기업 및 해당 기업의 모든 주주의 이익을 부당하게 침해하지 않도록 하여야 한다.

1.9 이사회는 기업의 경영권 방어행위가 일부 주주 또는 경영진의 경영권을 유지하기 위하여 기업과 주주의 이익을 희생시키는 방법으로 행해지지 않도록 감시·감독하여야 한다.

1.10 이사회는 주요 경영진에 대한 보수정책 및 관행을 기업의 지속가능성과 일치하도록 설계하여야 한다. 또한 그 주요사항과 주요 경영진의 보수는 공시

되어야 한다.(※ 지속가능성이란 각 기업이 중대성$_{Materiality}$ 평가를 통해 도출한 지속가능성 이슈를 의미한다.)

1.11 이사회는 경영진 및 이사의 경영활동 내용을 공정하게 평가하기 위한 기준과 절차를 수립하여야 한다. 또한 평가결과는 투명하게 공시하고 보수에 적정하게 반영하여야 한다.

### ❷ 이사의 역할과 책임

2.1 이사는 선량한 관리자의 주의의무를 다하여 직무를 수행하여야 한다. 이사는 충분한 정보를 바탕으로 충분한 시간 및 노력을 투입하여 합리적 의사결정을 하여야 한다.

2.2 이사는 직무수행과 관련하여 알게 된 기업의 비밀을 외부에 누설하거나, 자기 또는 제3자의 이익을 위하여 이용해서는 안 된다.

2.3 이사는 자기 또는 제3자의 이익을 위하여 그 권한을 행사하여서는 안 되고, 항상 기업과 주주에게 최선의 이익이 되는 결과를 추구하여야 한다.

2.4 이사가 법령이나 정관을 위반하거나 그 임무를 소홀히 한 때에는 기업에 대하여 손해배상책임을 진다. 이사에게 고의 또는 과실이 있는 때에는 제3자에 대하여도 손해배상책임을 진다.

2.5 기업은 이사에 대한 책임추궁의 실효성을 확보하고, 유능한 자를 이사로 영입하기 위하여, 기업의 비용으로 이사를 위한 손해배상책임보험에 가입할 수 있다.

### ❸ 이사회의 구성

3.1 이사회는 효과적이고 신중한 토의 및 의사결정이 가능한 규모이어야 하며, 이사회 내에 설치된 위원회가 활성화될 수 있는 충분한 수의 이사로 구성되어야 한다.

3.2 이사회에는 경영진과 지배주주로부터 독립적으로 기능을 수행할 수 있는 사외이사를 두어야 하며, 그 수는 이사회가 실질적으로 독립성을 유지할 수

있는 규모이어야 한다. 특히 대규모 상장법인의 경우에는 전체 이사의 과반수최소 3인 이상를 사외이사로 구성하여야 한다.

3.3 기업가치의 훼손 또는 주주 권익의 침해에 책임이 있는 자를 등기이사로 선임하지 않을 것을 권고한다.

3.4 이사회는 기업경영에 실질적인 기여를 할 수 있도록 전문성을 지닌 유능한 자로 구성되어야 하고, 선임된 이사의 임기는 존중되어야 한다.

3.5 다양한 배경을 지닌 이사들로 이사회를 구성할 것을 권고한다.

## ❹ 사외이사

4.1 사외이사는 해당기업과 중대한 관계가 없어야 하며, 경영진과 지배주주로부터 독립적인 의사결정을 할 수 있는 자이어야 한다.

4.2 기업은 사외이사 후보가 해당기업과 중대한 관계가 없음을 확인하고 공시하여야 한다. 사외이사는 취임 승낙 시 해당기업과 중대한 관계가 없다는 확인서를 기업에 제출하여야 한다.

4.3 사외이사는 충실한 직무수행을 위하여 과도한 겸직을 하여서는 안 된다.

4.4 사외이사는 직무수행을 위하여 충분한 시간을 투입하여야 하며, 이사회가 개최될 때에는 사전에 관련 자료를 검토한 후 참석하여야 한다.

## ❺ 이사회의 운영

5.1 이사회를 대표하는 이사회 의장은 경영진을 대표하는 대표이사와 분리하여 선임하거나 그렇지 않을 경우에는 사외이사를 대표하는 선임사외이사를 선임할 것을 권고한다.

5.2 이사회 의장은 적극적인 토론문화를 장려하고 이사회를 건설적으로 이끌어야 하며, 사외이사가 정확하고 시의적절한 정보를 토대로 의사결정에 참여할 수 있도록 지원하여야 한다.

5.3 원활한 이사회 운영을 위하여 이사회의 권한과 책임, 운영절차 등을 구체적으로 규정한 이사회운영규정을 마련하여야 한다.

5.4 이사회는 원칙적으로 정기적으로 개최되어야 하며, 연간 이사회 활동 계획을 수립하여 정기적으로 개최하도록 권고한다.

5.5 이사회 및 위원회는 매 회의마다 회의록을 상세하게 작성하고 회의내용을 녹취하여 이를 유지·보존하여야 한다. 특히 중요한 토의내용과 결의사항은 이사별로 기록하여야 한다.

5.6 필요 시 원격통신수단을 활용하여 이사회 구성원이 이사회 회의에 최대한 참여할 수 있도록 하여야 한다.

5.7 기업은 사외이사의 직무수행에 필요한 정보를 충분히 제공하여야 하며, 사외이사는 직무수행에 필요한 정보를 신속하게 제공하도록 요청할 수 있다.

5.8 사외이사는 필요한 경우 적절한 절차에 의하여 임·직원이나 외부 전문가 등의 지원을 받을 수 있으며, 기업은 이에 소요되는 비용을 지원하여야 한다.

5.9 사외이사의 경영 감독·지원 기능을 제고하기 위하여 사외이사만이 참여하는 회의를 이사회와는 별도로 개최할 것을 권고한다.

5.10 사외 이사는 효율적인 직무수행을 위하여 주기적으로 사내·외 교육에 임하여야 한다. 특히 신규 선임 이사는 직무 및 지배구조 관련 교육에 참가할 것을 권고한다.

5.11 이사회 및 이사회 내 위원회, 개별 이사의 활동내용은 공정하게 평가되어야 하고, 개별 이사의 평가결과는 보수 및 재선임 결정 등에 반영되어야 한다.

5.12 이사회는 대표이사, 대표집행임원 또는 이사회 내 위원회에 권한을 위임할 수 있다. 다만 법령·정관이나 이사회운영규정에서 정하는 주요한 사항은 제외한다.

### ❻ 이사회 내 위원회

6.1 이사회 내부에 특정 기능과 역할을 수행하는 적정 수의 인원으로 구성된 위원회를 설치할 것을 권고한다.

특히 대규모 상장법인의 경우에는 감사위원회, 사외이사후보추천위원회, 보상위원회의 설치를 권고한다. 또한 계열사 간 거래가 많은 기업의 경우 내부

거래위원회를 설치하는 것이 바람직하다.

6.2 이사회 내 위원회는 과반수를 사외이사로 구성하여야 한다. 단 감사위원회, 보상위원회, 내부거래위원회, 사외이사후보추천위원회는 전원 사외이사로 구성할 것을 권고한다.

6.3 모든 위원회의 조직, 운영 및 권한에 대하여는 명문으로 규정하여야 하며, 위원회는 결의한 사항을 이사회에 보고하여야 한다.


## 다. 주주권 보호

### ❶ 주주의 권리

1.1 기업은 주주의 기본적인 권리를 보장하여야 한다.

1.2 기업의 존립 및 주주권에 중대한 변화를 가져오는 사항은 주주총회에서 주주의 권리를 최대한 보장하는 방향으로 결정되어야 한다.

1.3 기업은 1주 1의결권을 보장하여야 한다. 다만 특정 주주에 대한 의결권 제한은 법률이 정하는 바에 따라 제한적으로 이루어져야 한다.

1.4 이사회는 합병, 영업의 양수도 등 중요한 구조변경에 반대하는 주주가 법령이 정하는 바에 따라 그 지분의 실질가치를 반영하는 공정한 가액에 의한 주식매수청구권을 행사할 수 있도록 하여야 한다.

1.5 기업은 주주 전체의 이익을 보호하기 위해 소수주주권 행사를 보장하여야 한다. 반면, 기업의 경영에 영향력을 행사하는 지배주주는 기업과 모든 주주의 이익에 반하는 행동으로 다른 일반 주주의 권리를 침해한 경우에 그에 상응하는 책임을 져야 한다.

### ❷ 주주총회

2.1 이사회는 다양한 주제의 의제 또는 의안이 주주총회에 상정될 수 있는 환경을 조성하기 위해 노력하여야 한다.

2.2 주주총회에서 임원을 선임하거나 정관을 변경할 때에는 의안을 분리하여 상정하여야 한다.

2.3 기업은 주주에게 주주총회의 일시, 장소 및 의안에 관한 충분한 정보를 충분한 기간 전에 제공하여야 한다. 주주총회의 일시와 장소는 주주가 최대한 참가할 수 있도록 결정하여야 한다.

2.4 기업은 주주가 이사 및 감사후보에 대한 충분한 정보와 판단시간을 가지고 의결권을 행사할 수 있도록 하여야 한다.

2.5 기업은 주주가 자신의 의결권을 최대한 용이하게 행사할 수 있도록 하고, 주주가 이사회에 주주총회의 의안을 제안할 수 있는 환경을 조성하여야 한다.

2.6 이사회는 이사의 선임에 있어서 지배주주가 아닌 주주의 의견도 반영될 수 있도록 해야 하며, 이를 위하여 집중투표제를 채택하도록 권고한다.

2.7 감사위원의 독립성 제고를 위해 감사위원이 되는 이사의 선임안건은 다른 이사 선임안건과 분리하여 상정하는 것이 바람직하다.

2.8 주주총회의 결의는 투명하고 공정하게 이루어져야 하며, 이사회는 주주가 주주총회에서 의안에 대하여 질의하고 설명을 요구할 때 성실히 답변하여야 한다.


## 라. 감사

### ❶ 내부감사

1.1 대규모 상장법인은 내부감사기구로 이사회 내에 감사위원회를 설치할 것을 권고한다.

1.2 감사 및 감사위원은 해당기업과 중대한 관계가 없어야 하며, 경영진과 지배주주로부터 독립적인 의사결정을 할 수 있는 자이어야 한다.

1.3 감사위원회는 독립성과 전문성을 유지하기 위하여 전원 사외이사로 구성하고 위원 중 최소 2인은 감사업무에 관한 전문적 식견을 가진 자이어야 한다.

1.4 감사위원회 또는 감사는 감사업무를 충실히 수행하여야 한다.

1.5 이사회는 감사위원회 또는 감사의 목표, 조직, 권한과 책임 그리고 업무 등에 관한 규정을 명문화하여야 한다. 또한 감사위원회 또는 감사는 동 규정의 타당성을 매년 평가하고 그 내용을 공시하여야 한다.

1.6 감사위원회는 연간 감사위원회 활동 계획을 수립하여 정기적으로 개최하여야 하며, 필요한 경우 경영진, 재무담당임원, 내부감사부서의 장, 외부감사인 등이 참석하도록 할 수 있다.

1.7 감사위원회는 매 회의마다 회의록을 작성하여야 하며, 회의록에는 주요 토의사항과 결의내용을 상세하고 명확하게 기재하여야 한다. 감사위원회 또는 감사는 감사내용을 구체적으로 기록한 감사록을 작성하여야 한다.

1.8 감사위원회 위원 또는 감사는 감사업무에 필요한 정보에 자유롭게 접근할 수 있어야 하고, 필요한 경우 외부전문가의 자문을 받을 수 있어야 한다.

1.9 감사위원회 또는 감사는 자신의 독립성에 대한 평가내용과 주요 활동내용을 주주총회에 보고하여야 하며, 대표이사는 사업보고서를 통해 이를 공시하여야 한다.

1.10 감사위원회 위원의 독립성과 업무충실성을 확보하기 위해, 감사 업무의 양과 책임의 수준을 고려한 적절한 수준의 보상이 지급되어야 하며 그 외 다른 명목의 보상은 받지 않아야 한다.

1.11 기업은 모든 형태의 부패를 근절하기 위해 윤리규정을 제정하고 준수하며 이를 공개하여야 한다.

## ❷ 외부감사

2.1 기업은 외부감사인이 해당 기업과 그 경영진, 지배주주, 연결모자회사 등으로부터 법적, 실질적 독립성을 유지하도록 하여야 한다.

2.2 기업은 감사보고서에 관한 주주의 질문이 있는 경우에 용이한 설명이 가능하도록 외부감사인을 주주총회에 참석시켜야 한다.

2.3 감사위원회 또는 감사는 외부감사인이 주요사항을 보고하도록 하고 외부감사인과 주기적으로 소통해야 한다.

## 마. 주주 및 이해관계자와의 소통

### ❶ 주주 및 이해관계자와의 직접 소통

1.1 이사회와 경영진은 기업의 지속가능한 성장에 이바지하기 위해 주주 및 이해관계자와의 건설적인 대화에 관심을 기울여야 한다. 이를 위해 이사회 의장 또는 소통 담당 사외이사가 직접 소통하는 것이 바람직하다.

1.2 이사회는 주주총회에서 상당한 수준의 반대가 있었던 안건에 대해 사후 검토하여야 한다. 필요한 경우 반대 주주와 소통의 기회를 가져야 하며, 검토 결과 및 조치 계획은 공개되는 것이 바람직하다.

### ❷ 정보 공개

2.1 기업은 주주에게 필요한 기업의 정보를 적시에, 충분히, 공평하게 제공하여야 하며, 공시 의무가 없는 정보를 공개할 경우에도 모든 주주에게 공평하게 제공하여야 한다.

2.2 기업은 이해관계자에게 법령이 허용하는 범위 내에서 이해관계자의 권리보호에 필요한 정보를 제공하여야 하며, 이해관계자는 관련 정보에 접근할 수 있어야 한다.

2.3 기업은 법령에 의해 요구되는 공시사항 외에도 주주 및 이해관계자의 의사결정에 중대한 영향을 미치거나 미칠 수 있는 사항은 공시하여야 한다.

2.4 기업의 대표이사와 재무담당책임자Chief Financial Officer는 재무보고의 정확성과 완전성을 인증하여야 한다.

2.5 기업은 정보 공개 내용을 이해하기 쉽게 작성하고, 이해관계자가 이용하기 용이하도록 노력하여야 한다.

2.6 외국인이 상당한 주식을 보유하고 있는 기업은 감사보고서 및 중요한 수시 공시 사항을 한글 및 영문으로 작성하여 공시하는 것이 바람직하다.

2.7 기업은 공시책임자를 지정하여야 하며, 기업의 중요한 정보가 공시책임자에게 신속하게 전달될 수 있도록 내부 정보전달체계를 갖추어야 한다.

ESG 모범규준은 말 그대로 ESG 경영을 위한 전반적인 모범답안이다. 중소·중견기업은 모두 맞추기 어려우니 방향을 확인하고, 실천 가능한 방안을 찾는데 도움 되는 자료로 삼는 것이 좋겠다. 기업의 규모가 커지면, ESG 경영을 확장할 수 있는 자원도 커지므로 ESG에 대해 조급함을 가지지 말고, 회사의 성장에 집중하는 것이 바람직하다.

'Doing Good by Doing Well', 우선 회사가 돈을 잘 버는 것이 중요하다. 돈을 벌어야 좋은 일도 한다. 다만, 옳은 방법으로 돈을 벌 수 있는 방법을 부지런히 찾는 것이 우선 ESG의 출발점이다.